RÉPUBLIQUE FRANÇAISE.

MINISTÈRE DE L'INTÉRIEUR.

COMITÉ CONSULTATIF D'HYGIÈNE PUBLIQUE DE FRANCE.

HYGIÈNE & SÉCURITÉ DES TRAVAILLEURS

DANS LES

ÉTABLISSEMENTS INDUSTRIELS.

RAPPORT ET PROJET DE RÈGLEMENT

POUR

L'APPLICATION DE LA LOI DU 12 JUIN 1893

PAR M. LE Dʳ HENRI NAPIAS,

Inspecteur général des services administratifs du Ministère de l'intérieur.

EXTRAIT DU TOME XXIII (ANNÉE 1893) DU RECUEIL DES TRAVAUX DU COMITÉ CONSULTATIF D'HYGIÈNE PUBLIQUE DE FRANCE ET DES ACTES OFFICIELS DE L'ADMINISTRATION SANITAIRE.

MELUN.

IMPRIMERIE ADMINISTRATIVE.

M DCCC XCIII.

HYGIÈNE ET SÉCURITÉ DES TRAVAILLEURS

DANS LES

ÉTABLISSEMENTS INDUSTRIELS.

RÉPUBLIQUE FRANÇAISE.

MINISTÈRE DE L'INTÉRIEUR.

COMITÉ CONSULTATIF D'HYGIÈNE PUBLIQUE DE FRANCE.

HYGIÈNE & SÉCURITÉ DES TRAVAILLEURS

DANS LES

ÉTABLISSEMENTS INDUSTRIELS.

RAPPORT ET PROJET DE RÈGLEMENT

POUR

L'APPLICATION DE LA LOI DU 12 JUIN 1893

PAR M. LE Dr HENRI NAPIAS,

Inspecteur général des services administratifs du Ministère de l'intérieur.

EXTRAIT DU TOME XXIII (ANNÉE 1893) DU RECUEIL DES TRAVAUX DU COMITÉ CONSULTATIF D'HYGIÈNE PUBLIQUE DE FRANCE ET DES ACTES OFFICIELS DE L'ADMINISTRATION SANITAIRE.

MELUN.

IMPRIMERIE ADMINISTRATIVE.

M DCCC XCIII.

manifestaient hautement leur sollicitude pour les conditions des ouvriers employés dans leurs ateliers.

Dans tous les congrès internationaux d'hygiène de 1876 à 1891 ces questions ont été abordées et discutées et en 1889, pour la première fois, un congrès international spécial des accidents du travail se réunissait à Paris.

Des sociétés faites à l'exemple de celle que M. Engel-Dolfus avait créée en 1867 à Mulhouse se fondaient à Rouen en 1879, à Paris en 1883.

Et tandis qu'on votait dans notre Parlement, dans les vingt dernières années, les lois de 1874 et 1892 relatives à la protection de l'enfance et à la protection de la femme, diverses propositions de loi étaient faites plus particulièrement en vue de la salubrité et de la sécurité du travail: en 1882 par MM. Félix Faure et Martin Nadaud; — en 1885 par M. Richard Waddington qui appliquait aux ateliers n'employant que des adultes les précautions exigées par l'article 14 de la loi du 19 mai 1874 sur le travail des enfants.

Après le travail fait par le Comité consultatif d'hygiène publique de France en 1884, une proposition nouvelle fut faite à la Chambre le 19 décembre 1885 par M. Maurice Rouvier; puis en 1887 un projet de loi fut déposé par M. Édouard Lockroy, alors ministre du commerce; enfin en 1890 un nouveau projet était présenté par le ministre du commerce d'alors, M. Jules Roche, et c'est ce projet qui a servi de base de discussion à la loi promulguée le 12 juin 1893 et dont nous avons à nous occuper ici.

II.

Le but qu'a voulu atteindre la loi du 12 juin 1893 est nettement défini par son titre même et par ses trois premiers articles.

Nous les reproduisons ici in extenso:

LOI CONCERNANT L'HYGIÈNE ET LA SÉCURITÉ DES TRAVAILLEURS DANS LES ÉTABLISSEMENTS INDUSTRIELS.

Le Sénat et la Chambre des députés ont adopté,
Le Président de la République promulgue la loi dont la teneur suit:

ARTICLE PREMIER. — Sont soumis aux dispositions de la présente loi les manufactures, fabriques, usines, chantiers, ateliers de tout genre et leurs dépendances.

Sont seuls exceptés les établissements où ne sont employés que les membres de la famille sous l'autorité soit du père, soit de la mère, soit du tuteur.

Nous avons eu depuis la satisfaction de voir plusieurs des opinions émises alors par le Comité passer dans les lois protectrices que le Parlement vient d'élaborer, notamment en ce qui concerne la protection de l'enfant et de la femme dans le travail industriel, comme nous avons eu le plaisir de retrouver parfois dans les textes et documents étrangers la trace de travaux faits sur ce point par les hygiénistes français, soit dans le sein du Comité consultatif d'hygiène, soit à la Société de médecine publique et d'hygiène, soit dans les congrès internationaux d'hygiène.

Il se fait ainsi en hygiène industrielle un échange international d'idées scientifiques et économiques que ceux qui s'intéressent à ces questions et qui en font leur étude reconnaissent et constatent avec satisfaction.

Nous avions, en 1884, emprunté aux législations étrangères et aux opinions des hygiénistes étrangers ce qu'il nous semblait bon d'essayer à appliquer chez nous, et nous estimons qu'il est heureux que nous ayons pu fournir à notre tour des documents qu'on a trouvé bons à imiter.

Lors du premier rapport du Comité consultatif sur la salubrité et la sécurité du travail, nous avions fait un historique de la question en France et à l'étranger. Nous avions fait le tableau de l'état de la législation spéciale des divers États telle qu'elle était en 1884. Nous n'y reviendrons pas ici et cette situation se trouvera complétée par les textes législatifs ou réglementaires plus récents que nous aurons à citer au cours de ce rapport.

Nous constatons seulement que le mouvement en faveur de l'étude de ces questions a suivi une marche pour ainsi dire constante depuis un siècle et que les hygiénistes, les administrateurs y ont pris également part. Dès la fin du siècle dernier la Société royale de médecine mettait, chez nous, à son ordre du jour les questions d'hygiène industrielle et les livres des hygiénistes français, et les mémoires de nos sociétés savantes sont pleins de documents qui montrent une préoccupation très vive de la nécessité d'améliorer les conditions du travail, de les rendre moins dangereuses et plus sûres.

Dans le même temps, des villes industrielles comme Mulhouse, comme Rouen, villes essentiellement manufacturières, réclamaient une réglementation, et, ne se souciant pas de savoir si cette réglementation gênerait leur industrie ou lèserait leurs intérêts, elles

HYGIÈNE ET SÉCURITÉ DES TRAVAILLEURS

DANS LES

ÉTABLISSEMENTS INDUSTRIELS.

RAPPORT AU COMITÉ CONSULTATIF

D'HYGIÈNE PUBLIQUE DE FRANCE

ET PROJET DE RÈGLEMENT

POUR

L'APPLICATION DE LA LOI DU 12 JUIN 1893.

I.

Le Comité consultatif d'hygiène publique de France a reçu communication d'une lettre adressée par M. le Ministre du commerce, de l'industrie et des colonies à M. le Président du Conseil, ministre de l'intérieur, et demandant que le Comité soit consulté sur les décrets d'administration publique à élaborer conformément à la loi du 12 juin 1893 concernant l'hygiène et la sécurité des travailleurs dans les établissements industriels.

Une telle question n'est pas nouvelle pour le Comité. Déjà, en 1884, M. le Ministre du commerce nous avait demandé de préparer un projet de loi relatif à l'hygiène des manufactures, usines, mines, chantiers et ateliers et nous avions répondu par un rapport très documenté (1), dans lequel le Comité, après avoir fait le tableau de la législation en matière d'hygiène industrielle tant en France qu'à l'étranger, s'était attaché à fournir les raisons justificatives d'un projet de loi et de projets de règlements qu'il présentait à M. le Ministre du commerce; étendant même un peu le champ de son étude jusqu'à émettre son avis sur les questions d'hygiène industrielle relatives à l'âge et au sexe des travailleurs, ainsi qu'à la durée du travail.

(1) *Recueil des travaux du Comité consultatif*, tome XIV, p. 353.

Néanmoins, si le travail s'y fait à l'aide de chaudière à vapeur ou de moteur mécanique, ou si l'industrie exercée est classée au nombre des établissements dangereux ou insalubres, l'inspecteur aura le droit de prescrire les mesures de sécurité et de salubrité à prendre conformément aux dispositions de la présente loi.

Art. 2. — Les établissements visés à l'article premier doivent être tenus dans un état constant de propreté et présenter les conditions d'hygiène et de salubrité nécessaires à la santé du personnel.

Il doivent être aménagés de manière à garantir la sécurité des travailleurs. Dans tout établissement fonctionnant par des appareils mécaniques, les roues, les courroies, les engrenages, ou tout autre organe pouvant offrir une cause de danger, seront séparés des ouvriers, de telle manière que l'approche n'en soit possible que pour les besoins du service. Les puits, trappes et ouvertures doivent être clôturés.

Les machines, mécanismes, appareils de transmission, outils et engins doivent être installés et tenus dans les meilleures conditions possibles de sécurité.

Les dispositions qui précèdent sont applicables aux théâtres, cirques, magasins et autres établissements similaires où il est fait emploi d'appareils mécaniques.

Art. 3. — Des règlements d'administration publique, rendus après avis du comité consultatif des arts et manufactures, détermineront :

1° dans les trois mois de promulgation de la présente loi, les mesures générales de protection et de salubrité applicables à tous les établissements assujettis, notamment en ce qui concerne l'éclairage, l'aération ou la ventilation, les eaux potables, les fosses d'aisances, l'évacuation des poussières et vapeurs, les précautions à prendre contre les incendies, etc.;

2° au fur et à mesure des nécessités constatées, les prescriptions particulières relatives soit à certaines industries, soit à certains modes de travail.

Le Comité consultatif d'hygiène publique de France sera appelé à donner son avis en ce qui concerne les règlements généraux prévus au paragraphe 2 du présent article.

Art. 4. — Les inspecteurs du travail sont chargés d'assurer l'exécution de la présente loi et des règlements qui y sont prévus; ils ont entrée dans les établissements spécifiés à l'article premier et au dernier paragraphe de l'article 2, à l'effet de procéder à la surveillance et aux enquêtes dont ils sont chargés.

Art. 5. — Les contraventions sont constatées par les procès-verbaux des inspecteurs qui font foi jusqu'à preuve contraire.

Les procès-verbaux sont dressés en double exemplaire, dont l'un est envoyé au préfet du département et l'autre au parquet.

Les dispositions ci-dessus ne dérogent point aux règles du droit commun quant à la constatation et à la poursuite des infractions commises à la présente loi.

Art. 6. — Toutefois, en ce qui concerne l'application des règlements d'administration publique prévus par l'article 3 ci-dessus, les inspecteurs, avant de dresser procès-verbal, mettront les chefs d'industrie en demeure de se conformer aux prescriptions dudit règlement.

Cette mise en demeure sera faite par écrit sur le registre de l'usine; elle sera datée et signée, indiquera les contraventions relevées et fixera un délai à l'expiration duquel les contraventions devront avoir disparues. Ce délai ne sera jamais inférieur à un mois.

Dans les quinze jours qui suivent cette mise en demeure, le chef de l'industrie adresse, s'il le juge convenable, une réclamation au ministre du commerce et de l'industrie. Ce dernier peut, lorsque l'obéissance à la mise en demeure nécessite des transformations importantes portant sur le gros œuvre de l'usine, après avis conforme du Comité des arts et manufactures, accorder à l'industriel un délai dont la durée, dans tous les cas, no dépassera jamais dix-huit mois.

Notification de la décision est faite à l'industriel dans la forme administrative ; avis en est donné à l'inspecteur.

Art. 7. — Les chefs d'industrie, directeurs, gérants ou préposés, qui auront contrevenu aux dispositions de la présente loi et des règlements d'administration publique relatifs à son exécution seront poursuivis devant le tribunal de simple police et punis d'une amende de 5 francs à 15 francs. L'amende sera appliquée autant de fois qu'il y aura de contraventions distinctes constatées par le procès-verbal, sans toutefois que le chiffre total des amendes puisse excéder 200 francs.

Le jugement fixera, en outre, le délai dans lequel seront exécutés les travaux de sécurité et de salubrité imposés par la loi.

Les chefs d'industrie sont civilement responsables des condamnations prononcées contre leurs directeurs, gérants ou préposés.

Art. 8. — Si, après une condamnation prononcée en vertu de l'article précédent, les mesures de sécurité ou de salubrité imposées par la présente loi ou par les règlements d'administration publique n'ont pas été exécutées dans le délai fixé par le jugement qui a prononcé la condamnation, l'affaire est, sur un nouveau procès-verbal, portée devant le tribunal correctionnel qui peut, après une nouvelle mise en demeure restée sans résultat, ordonner la fermeture de l'établissement.

Le jugement sera susceptible d'appel ; la cour statuera d'urgence.

Art. 9. — En cas de récidive, le contrevenant sera poursuivi devant le tribunal correctionnel et puni d'une amende de 50 à 500 francs, sans que la totalité des amendes puisse excéder 2,000 francs.

Il y a récidive lorsque le contrevenant a été frappé, dans les douze mois qui ont précédé le fait qui est l'objet de la poursuite, d'une première condamnation pour infraction à la présente loi ou aux règlements d'administration publique relatifs à son exécution.

Art. 10. — Les inspecteurs devront fournir, chaque année, des rapports circonstanciés sur l'application de la présente loi dans toute l'étendue de leurs circonscriptions. Ces rapports mentionneront les accidents dont les ouvriers auront été victimes et leurs causes. Ils contiendront les propositions relatives aux prescriptions nouvelles qui seraient de nature à mieux assurer la sécurité du travail.

Un rapport d'ensemble, résumant ces communications, sera publié tous les ans par les soins du ministre du commerce et de l'industrie.

Art. 11. — Tout accident ayant causé une blessure à un ou plusieurs ouvriers, survenu dans un des établissements mentionnés à l'article premier et au dernier paragraphe de l'article 2, sera l'objet d'une déclaration par le chef de l'entreprise ou, à son défaut et en son absence, par le préposé.

Cette déclaration contiendra le nom et l'adresse des témoins de l'accident ; elle sera faite dans les quarante-huit heures au maire de la commune qui en dressera procès-verbal dans la forme à déterminer par un règlement d'administration publique. A cette déclaration sera joint, produit par le patron, un certificat du médecin indiquant l'état du blessé, les suites probables de l'accident et l'époque à laquelle il sera possible d'en connaître le résultat définitif.

Récépissé de la déclaration et du certificat médical sera remis, séance tenante, au déposant. Avis de l'accident est donné immédiatement par le maire à l'inspecteur divisionnaire ou départemental.

ART. 12. — Seront punis d'une amende de 100 à 500 francs, et, en cas de récidive, de 500 à 1.000 francs, tous ceux qui auront mis obstacle à l'accomplissement des devoirs d'un inspecteur.

Les dispositions du Code pénal qui prévoient et répriment les actes de résistance, les outrages, et les violences contre les officiers de la police judiciaire sont, en outre, applicables à ceux qui se rendront coupables de faits de même nature à l'égard des inspecteurs.

ART. 13. — Il n'est rien innové quant à la surveillance des appareils à vapeur.

ART. 14. — L'article 463 du Code pénal est applicable aux condamnations prononcées en vertu de la présente loi.

ART. 15. — Sont et demeurent abrogées toutes les dispositions des lois et règlements contraires à la présente loi.

La présente loi, délibérée et adoptée par le Sénat et par la Chambre des députés, sera exécutée comme loi de l'État.

Fait à Paris, le 12 juin 1893.

CARNOT.

Par le Président de la République:
Le Ministre du commerce, de l'industrie et des colonies.

TERRIER.

Le Garde des sceaux, Ministre de la justice,
GUÉRIN.

Dans l'étude d'un règlement destiné à compléter cette loi, il y a lieu d'examiner sous deux titres séparés les mesures relatives à la salubrité et celles qui sont commandées par la sécurité.

C'est d'abord ce qu'a voulu faire la commission spéciale qui a été nommée dans le sein du Comité pour l'élaboration de ce règlement.

Relativement à la salubrité la commission a précisé dans des articles spéciaux les précautions à prendre en vue de la propreté des locaux et de l'assainissement de l'atmosphère du travail.

Elle a terminé cette première partie par une disposition destinée à assurer à l'ouvrier certaines conditions d'hygiène privée telles que la possibilité de la propreté corporelle, et la pureté de l'eau de boisson.

Dans la seconde partie elle s'est attachée à définir les principales précautions à prendre notamment contre les dangers des moteurs, des transmissions, des machines outils, ainsi que contre ceux de la mise en marche, du nettoyage ou du graissage pendant la marche des appareils et engins. Elle y a inséré aussi les précautions spéciales pour le fonctionnement des monte-charges, ascenseurs et élévateurs. Elle a fait un article spécial des mesures à prendre contre le danger d'incendie et un autre sur l'installation des moteurs électriques. Enfin elle a cru utile de terminer le titre II par une prescription relative aux vêtements de l'ouvrier.

Nous allons essayer, en développant les divers articles que la commission vous propose, de justifier leurs exigences.

Disons tout de suite que ces exigences sont loin d'être excessives; que nous avons repris comme base de travail le règlement déjà voté par le Comité consultatif d'hygiène en 1884 et que les modifications que nous y avons introduites ne sont pas des aggravations de sa sévérité. Nous avons pris soin, au contraire, de rester dans des prescriptions générales permettant aux industriels une grande latitude dans le choix des moyens protecteurs, permettant aussi à l'inspection du travail une largeur d'interprétation que ne manqueront pas de lui recommander les instructions ministérielles.

D'ailleurs aux termes de la loi (art. 3, § 1 — 2°) un tel règlement pourra être complété en formulant, au fur et à mesure des nécessités constatées, les prescriptions particulières relatives soit à certaines industries, soit à certains modes de travail.

Enfin, ajoutons que les prescriptions dont nous proposons l'insertion dans le règlement ne sont pas toujours aussi sévères que celles que les sociétés privées contre les accidents du travail (société Mulhousienne, société Rouennaise, société Parisienne qui porte aujourd'hui le nom d'*Association des industriels de France*, imposent à leurs adhérents et qui sont parfaitement obéies).

La société Rouennaise (*association normande pour prévenir les accidents de travail*) étend aujourd'hui son action sur plus de 120 usines occupant ensemble plus de 50.000 ouvriers. L'*Association des industriels de France* (1) dont l'action se fait sentir dans 39 départements a maintenant plus de 1.400 établissements protégés ainsi que plus de 170.000 ouvriers.

Ces seuls chiffres montrent que plus de 1.500 industriels de notre pays, antérieurement à la loi, avaient compris la nécessité de mesures de sécurité, et qu'ils sont disposés à accepter des prescriptions relatives à l'hygiène de leurs ouvriers. Il n'est pas sans intérêt de le constater ici pour répondre d'avance à cet argument qui attend toutes les lois et tous les règlements : que ces lois ou règlements *ne sont pas applicables*. Dans l'espèce la preuve est faite,

(1) Cette association est divisée en un certain nombre de groupes qui portent le nom de groupes de Paris, de Lille, de Reims, d'Épinal, de Lyon, de Marseille, de Toulouse, de Bordeaux, de Nantes.

l'application existe; on peut dire que la loi était entrée en fonctionnement avant que d'avoir été votée; et si cette loi était nécessaire et s'il faut la compléter par des règlements, c'est qu'à côté de ces 1.500 industriels soucieux de l'hygiène et en tous cas de la sécurité de leur personnel presque tous les autres restaient indifférents à ces questions si importantes et qui ont si justement occupé le législateur.

Ces sociétés ont donc eu une grande utilité. Elles ont fait passer, les premières, les théories des hygiénistes et des philanthropes dans la pratique; elles ont prouvé que la réglementation était possible en faisant accepter leurs règlements; elles ont montré, enfin, que les mesures de protection n'étaient pas pour aggraver sérieusement les charges de l'industrie.

Nous avons en effet recherché dans quelle mesure les règlements protecteurs appliqués dans les ateliers pourraient augmenter les frais généraux. Ce n'était pas là de l'hygiène sans doute, mais il nous a paru qu'au fur et à mesure que l'hygiène était mieux connue et ses nécessités mieux appréciées, qu'au fur et à mesure qu'on se montre plus disposé à accepter enfin les précautions qu'elle commande, il convenait de faire voir par des chiffres plus précis que la dépense que ces mesures nécessitent est de peu d'importance au prix des résultats qu'elles permettent d'obtenir. Nous avons donc consulté à Paris MM. Périssé et Mamy qui président et dirigent la société des industriels de France, et à Rouen M. de Coëne, président de l'association normande.

Il va de soi que les réponses de ces messieurs nous ont confirmé dans cette opinion qu'il est très difficile d'évaluer d'une manière générale et en chiffres absolus les dépenses que peut entraîner l'application des mesures préventives. Cela dépend de beaucoup de conditions, très différentes, et particulièrement des matériaux dont on dispose.

Mais on peut dire avec MM. Périssé et Mamy que la plupart des mesures préventives sont peu dispendieux. Il en est qui ne coûtent absolument rien comme sont, par exemple, les mesures réglementaires visant le travail même de l'ouvrier: ne pas graisser en marche, ne pas nettoyer en marche, attendre l'arrêt de la transmission pour remonter une courroie sur la poulie; — d'autres coûtent peu de chose: mise à la disposition des ouvriers de lunettes pour mouler, buriner, repiquer, etc.; disposer des crochets à la partie supérieure des échelles, des pointes à la partie inférieure ; remplissage de volants ou poulies sur les passages par un disque en tôle, en bois blanc, en carton ; couvre-engrenages aux roues dentées, droites ou coniques. Ces couvre-engrenages peuvent, il est vrai, être plus ou moins luxueux et coûter plus ou moins cher, selon qu'ils sont en laiton, en tôle, en treillis métallique, en bois, en carton pâte, etc.

Il est bien évident que pour certains appareils brevetés, monte-courroies ou autres engins analogues, il faut tenir compte du prix demandé par l'inventeur. Il est évident aussi que les appareils d'arrêts des transmissions occasionnent quelques frais. Enfin les mesures relatives à la salubrité pourront coûter cher quand l'atelier sera si mal installé, éclairé et aéré, qu'il faudra tout refaire. Cela est fâcheux sans doute, mais il est trop évident que là surtout la loi sera nécessaire et devra être appliquée.

Pour les machines, il ne manquera pas de se produire ceci, que le fabricant ne recevra du constructeur que des machines protégées, et que celui-ci installera de lui-même et avant toute demande les appareils protecteurs. Déjà il en est ainsi pour plusieurs machines de l'industrie du bois ; et les scies à ruban, les raboteuses en-dessous sont livrées avec leurs organes de protection.

Dans une grande usine s'il faut dépenser quelques centaines de francs pour l'arrêt rapide des transmissions, il faudra le plus souvent quelques heures de travail et l'emploi de rognures de tôle pour établir des couvre-engrenages.

Il ne s'agira en fait que de dépenses minimes.

D'ailleurs, M. de Coëne n'hésite pas à déclarer que les moyens de préservation exercent une action économique importante et des plus heureuses sur les moyens de production.

« Les machines, dit-il dans une note qu'il a bien voulu nous fournir, produisent plus, grâce à la vitesse plus grande qu'on leur imprime et en raison de la sécurité qu'y trouvent les ouvriers.

« La dépense d'établissement est fort peu importante. Nous avons constaté par exemple que pour d'anciens établissements privés de moyens de préservation et ayant 14.000 broches de filature dont la valeur est actuellement de 400.000 francs la dépense maxima d'établissement a été de 4.000 francs, soit 1 p. 100.

« Dans un établissement neuf de même importance ayant une valeur de 840.000 francs la dépense est presque nulle et a pu être réduite à 200 francs par an pendant cinq ans. »

Ainsi parle M. de Coëne qui est un ingénieur très distingué et un praticien dans la matière, et qui déjà, dans un mémoire au Congrès de Berne, a pu dire :

« De sorte que l'industriel, qui croyait au début rencontrer dans les moyens préventifs de lourdes charges, y trouve au contraire un auxiliaire économique imposé à son industrie.

« Il peut faire marcher les machines à plus grande vitesse, forcer la production et obtenir des procédés mécaniques des avantages qui compensent largement les dépenses assez faibles auxquelles il est entraîné pour rendre les appareils inoffensifs, arrivant à ce résultat remarquable, mais bien connu, que tout travail rendu plus facile, plus rapidement exécuté, mieux conduit, donne et procure toujours d'importantes économies.

« Lorsqu'on compare les procédés de nos anciennes forges avec les procédés si simples, si précis, si scientifiques de la fabrication de l'acier Bessemer, qui n'est plus qu'une opération mécanique facile et sans danger, on peut constater de nouveau ce fait que les engins perfectionnés sont toujours économiques.

« N'en n'est-il pas de même pour les marteaux-pilons et les nouveaux appareils de levage manœuvrant avec une aisance merveilleuse des pièces de 150.000 kilogrammes, les manipulant, les forgeant, les déplaçant sans danger pour les ouvriers, nouvel exemple des résultats obtenus par les moyens mécaniques scientifiquement appliqués ?

« Lorsqu'on examine l'application de l'air comprimé aux freins mécaniques des véhicules des chemins de fer, on trouve là encore une application précieuse des moyens préventifs contre les accidents.

« Ces divers exemples, que l'on pourrait étendre encore, donnent la conviction absolue que le développement des moyens préventifs et leur application à tous les travaux sans exception procurent aux industriels des résultats économiques dont on ne se doutait pas au début, et qui rendent les outils mécaniques d'un atelier plus sûrs, plus économiques, tout en les rendant aussi inoffensifs que les travaux manuels. »

D'ailleurs, si nous nous étendons ici sur sa possibilité d'application et sur la modicité du prix de revient ce n'est pas que nous ayons à faire excuser pour ainsi dire la loi et les règlements qui la compléteront. La nécessité des mesures de salubrité et de protection n'est plus à démontrer et c'est au sein du Comité consultatif, moins que partout ailleurs, que cette démonstration devrait se faire.

En s'en tenant aux seuls accidents il suffit de calculer leur marche pour se rendre compte de la nécessité sociale d'une législation protectrice que la loi a ordonnée, que le règlement que le Comité a élaboré rendra plus efficace. Pour ce calcul, si notre service de statistique est mal outillé, nous pouvons nous baser sur la statistique allemande, qui, établie par l'office impérial d'assurance, a un caractère de précision et de sincérité très acceptables.

Cette statistique, pour l'année 1892, donne les résultats suivants :

Nombre des accidents signalés	235.587
Morts	5.925
Invalidité permanente totale	3.047
Invalidité permanente partielle	29.050
Incapacité momentanée	16.929

M. Cheysson, inspecteur général des ponts et chaussées, a imaginé de calculer ce que doit être approximativement chez nous la statistique des accidents en prenant pour base les statistiques allemandes de plusieurs années et par une comparaison du chiffre des travailleurs de chaque nation : « Si, dit-il (1), on admet une population de travailleurs de 10.000.000 qui correspond exactement au cas de la France, elle fournit un nombre annuel de victimes qu'on peut estimer, d'après les statistiques allemandes, à 7.500 tués et 272.000 blessés, sur lesquels 24.000 atteints d'incapacité permanente totale ou partielle et 7.000 frappés d'incapacité temporaire de plus de 3 semaines ; enfin les morts laissent 5.000 veuves et 10.000 orphelins. »

Dans ces chiffres attristants quelle est la portion réductible ? Combien peut-on avec les moyens dont on dispose aujourd'hui et par l'application d'une loi protectrice économiser de vies humaines ? Les chiffres que nous avons relevés nous-même, ceux qui ont été fournis par MM. Muller, Engel-Dolfus, Compère, Bodicher, Périssé et Mamy, de Coëne, etc ; montrent que 50 p. 100 en moyenne des accidents pouvaient être évités.

S'autorisant des résultats obtenus par l'association normande

(1) Revue du Congrès permanent des accidents de fabrique, 1893.

M. de Coëne a pu dire que 64 p. 100 des accidents pouvaient être évités (1).

D'après les recherches faites par M. Mamy sur les accidents déclarés dans le département de la Seine, la proportion évitable varie de 36 à 54 p. 100.

A Lille et dans la région du Nord la proportion évitable serait de 55 à 71 p. 100.

Le tableau suivant, qui donne le nombre des accidents *déclarés* dans le département de la Seine et qui est ainsi forcément incomplet, donne à la fois le nombre des accidents, la proportion évitable et les causes principales contre lesquelles il faut se protéger.

ACCIDENTS DÉCLARÉS DANS LE DÉPARTEMENT DE LA SEINE.

ANNÉES.	NOMBRE DES ACCIDENTS.	AU-DESSOUS DE 16 ANS.	AU-DESSUS DE 16 ANS.	PROPORTION ÉVITABLE.	PRINCIPALES CAUSES.				
					SCIES CIRCULAIRES.	COURROIES ET ARBRES.	NETTOYAGE ET GRAISSAGE EN MARCHE.	ENGRENAGES.	LAMINOIRS.
				p. 100	p. 100	p. 100	p. 100	p. 100	p. 100
1886........	98	30	68	47	13	9	17	16	»
1887........	109	34	75	51	10	12	16	14	»
1888........	112	29	83	36	12 5	9	13	15	7
1889........	111	40	71	47	12	9	17	15	»
1890........	91	28	63	46	11	11	20	14	»
1891........	90	34	56	54	7	18	23	8	»
TOTAUX.....	611	195	426	50 2	10 9	9 8	17 7	13 7	7

(1) Disons en passant que si les sociétés industrielles pour la prévention des accidents ont rendu de grands services, l'application de la loi n'aura pas pour résultat de faire disparaître ces sociétés; elles peuvent en effet, plus qu'une inspection officielle, entrer en contact avec les intérêts de l'industriel en lui indiquant les procédés les moins dispendieux de protection. Elles peuvent aussi stimuler le zèle des inventeurs et les pousser à rechercher de nouveaux appareils protecteurs. L'association des industriels de France en établissant l'année dernière un concours pour l'étude du meilleur système de *lunettes d'atelier* a rendu à l'industrie et à l'hygiène de l'ouvrier un véritable service. Cette même association a ouvert cette année un nouveau concours pour la construction d'un *masque* contre la poussière. Ces sociétés ont aussi leur raison d'être et de fonctionner à côté du service officiel d'inspection et il est désirable qu'elles soient encouragées.

III.

Nous avons dit que le projet de règlement élaboré par la commission spéciale et soumis à l'approbation du Comité consultatif d'hygiène publique de France comprenait sous deux titres différents les mesures de salubrité et les mesures de sécurité.

Après un exposé du but de la loi établi par l'article premier, le TITRE I débute par l'article 2 ainsi conçu :

ART 2. — *Les emplacements affectés au travail, dans les dits établissements, ainsi que toutes leurs dépendances, seront tenus dans un état constant de propreté. Le sol sera nettoyé à fond une fois par jour avant l'ouverture ou après la clôture du travail mais jamais pendant le travail. Ce nettoyage sera fait par un lavage à moins que les conditions de l'industrie ne s'y opposent. Les murs et les plafonds seront l'objet de fréquents lavages; les enduits refaits toutes les fois qu'il sera nécessaire.*

Le Comité consultatif dans son rapport de 1884 avait déjà insisté sur la nécessité de ces mesures qui ont été édictées d'ailleurs par les législations étrangères (1).

(1) ANGLETERRE. — Extrait du *Factory and workshop Act* de 1878, 3. Une manufacture et un atelier doivent être tenus en état de propreté et délivrés de toute émanation provenant d'un fossé, de lieux privés ou de toute autre cause insalubre.

Une manufacture ou un atelier ne doit pas être rempli de monde, pendant les heures de travail, au point de nuire à la santé des employés, et doit être aéré de façon à rendre inoffensifs, autant que possible, tous les gaz, vapeurs, poussières et autres impuretés engendrées par la fabrication des produits ou par la main-d'œuvre.

Toute manufacture ou tout atelier qui contreviendront aux dispositions de cette section seront considérés comme n'étant pas tenus conformément à la loi.

4. Lorsqu'il vient à la connaissance de l'inspecteur qu'il a été commis dans la manufacture ou l'atelier un acte de négligence, ou qu'il existe un défaut dans la tenue des fossés, water-closets, enclos-communs, cendriers, puits, ou tout autre délit dont il n'est pas parlé dans l'acte, mais qui est passible de la loi sur la salubrité publique, l'inspecteur donnera avis, par écrit, de l'acte de négligence ou du manquement à l'autorité sanitaire du district dans lequel est situé la manufacture ou l'atelier, et l'autorité sanitaire aura pour devoir de faire telle enquête que l'avis comportera et de prendre telle décision qu'elle jugera propre à atteindre le but de la loi.

L'inspecteur peut, pour les besoins de cette section, prendre avec lui dans l'intérieur de la manufacture ou de l'atelier un officier médical de santé, inspecteur de salubrité, ou tout autre agent de l'autorité sanitaire.

AUTRICHE. — *Loi du 8 mars 1885*, art. 74. Tout industriel est tenu de prendre et d'entretenir à ses frais toutes les dispositions relatives aux ateliers, machines et appareils qui sont nécessaires pour protéger la santé et la vie des ouvriers.

Notamment l'industriel doit veiller à ce que les machines, les appareils et leurs différentes parties (roues motrices, transmissions, courroies, chaudières, etc...) soient abrités ou munis d'appareils de préservation tels qu'aucun accident puisse arriver facilement aux ouvriers dans l'exécution prudente de leur travail. Entre autres devoirs l'industriel doit aussi faire en sorte que les ateliers soient *autant que possible tenus propres* et exempts de poussière, que l'air s'y renouvelle toujours proportionnellement au nombre des ouvriers et en raison du mode d'éclairage adopté; il doit s'attacher à prévenir l'influence de la terre des exhalaisons dangereuses et prescrire les mesures que réclament la conduite et la manipulation des industries chimiques. Les industriels qui logent leurs ouvriers doivent ne pas affecter à cet objet des locaux insalubres.

2

Mais il semble utile aujourd'hui de demander que le sol soit nettoyé *avant* ou *après* le séjour des ouvriers et que ce nettoyage se fasse par un lavage toutes les fois que les conditions de l'industrie ne s'y opposent pas. La raison de cette exigence est aisée à comprendre; dans beaucoup d'ateliers, le travail devant commencer par exemple à 6 heures ou à 7 heures du matin, c'est pendant que les ouvriers s'installent à leur métier, à leur établi ou à leur machine, que l'un d'eux balaie le sol. Il s'élève alors une poussière plus ou moins dense et diversement composée selon les ateliers mais qui peut contenir des parcelles de crachats desséchés. Il en résulte qu'un seul ouvrier phtisique suffit à contaminer un grand nombre de ses camarades et qu'on ne saurait trop se mettre en garde contre cette cause de propagation de la tuberculose. Les exemples d'épidémies d'atelier ne sont pas rares dans l'histoire de la tuberculose et nous nous souvenons d'avoir été consulté, il y a quelques années, par un industriel chez qui beaucoup d'ouvriers devenaient phtisiques et qui, sur notre conseil, fit, sinon disparaître le danger, au moins diminuer la contamination par une mesure analogue à celle que nous prescrivons ici. — En tous cas, ce nettoyage, fait avant l'arrivée des ouvriers, ou après leur départ, devra être pratiqué soit au moyen d'un torchon ou d'une éponge ou d'une brosse mouillées. Ce n'est pas là une prescription bien dure, ni dispendieuse, et il n'en est pas qui soit mieux justifiée ni qui puisse être plus utilement faite dans l'intérêt des ouvriers.

L'article 3 complète la prescription de l'article 2 en vue de la propreté.

Il est ainsi conçu :

ART. 3. — *Dans les locaux où l'on travaille les matières organiques le sol sera imperméable et toujours bien nivelé; les murs seront stuqués ou silicatés, ou recouverts d'une couche épaisse de peinture à base de zinc.*

Le sol et les murs seront lavés aussi souvent qu'il sera nécessaire avec une solution désinfectante. En tous cas, un lessivage à fond aura lieu au moins deux fois par an.

Les résidus putrescibles ne devront jamais séjourner dans les locaux affectés au travail à moins qu'ils ne soient l'objet même du travail. Ils seront enlevés au fur et à mesure et, dans le cas de séjour prolongé ou de dépôt, ils seront soigneusement désinfectés.

Cet article, d'ailleurs, en même temps que la propreté vise la pureté de l'atmosphère qu'il entend protéger contre les odeurs plus ou moins désagréables ou nocives qui proviennent de la putréfaction. Il relie ainsi l'article 2 aux articles 4 et 5.

Les articles 4 et 5 en effet indiquent les précautions à prendre pour préserver l'atmosphère des ateliers contre les émanations provenant des égouts, fosses et puisards. Ils sont ainsi rédigés :

ART. 4. — *L'atmosphère des ateliers et de tous les autres locaux affectés au travail sera tenue constamment à l'abri de toute émanation provenant d'égouts, fossés, puisards, fosses d'aisances, ou de toute autre source d'infection.*

Dans les établissements qui déversent les eaux résiduaires ou de lavage dans un égout public ou privé, toute communication entre l'égout et l'établissement sera nécessairement munie d'un intercepteur hydraulique fréquemment nettoyé et abondamment lavé au moins une fois par jour.

Les travaux dans les puits, conduites de gaz, canaux de fumée, fosses d'aisances, cuves ou appareils quelconques pouvant contenir des gaz délétères ne seront entrepris qu'après que l'atmosphère en aura été assainie par une puissante ventilation. Les ouvriers appelés à travailler dans ces conditions seront attachés par une ceinture de sûreté.

ART. 5. — *Les cabinets d'aisances ne devront pas communiquer directement avec les locaux fermés où seraient employés les ouvriers. Ils seront abondamment pourvus d'eau, munis de cuvettes avec inflexion syphoïde du tuyau de chute. Le sol, les parois seront en matériaux imperméables. Les peintures seront à base de zinc, ton clair.*

Il y aura au moins un cabinet par 30 personnes et des urinoirs en nombre suffisant.

Aucun puisard, puits absorbant, boitout, aucune disposition analogue ne pourra être établie qu'avec l'autorisation de l'administration supérieure et dans les conditions qu'elle aura prescrites.

Nous n'avons pas à reprendre les arguments fournis par le Comité dans le rapport de 1884. Le texte du projet de règlement est resté à peu près le même. Nous y avons ajouté cependant (art. 4, § 3) une disposition relative aux puits, canaux de fumée, cuves, etc, aux atmosphères limitées pouvant contenir des gaz délétères et où l'ouvrier est appelé à travailler.

En ce qui concerne les cabinets d'aisances, nous rappelons que dans le rapport de 1884 nous avons déjà insisté pour qu'il soit établi une interception complète entre les fosses et les ateliers et que nous faisions remarquer que « l'appel déterminé par les cheminées « industrielles et qu'il est si utile souvent de rendre énergique pour « enlever les buées, vapeurs et gaz engendrés par le travail, l'appel « des ventilateurs, usités pour l'enlèvement des poussières, tendent « à favoriser et à rendre plus dangereux ces reflux gazeux des « égouts ou des fosses, surtout quand les fenêtres sont fermées; il « serait étrange qu'on prît des mesures pour l'évacuation par aspira- « tion des vapeurs, gaz, poussières irritantes ou toxiques, et qu'on fît « du même coup pénétrer dans l'atelier un air chargé de miasmes in- « fectieux. »

Enfin, nous avons spécifié pour la peinture de ces cabinets le blanc de zinc et une teinte claire. Ce sont ces prescriptions qui s'expliquent aisément; les teintes foncées dissimulent la malpropreté et l'emploi du plomb dans la peinture n'est pas acceptable pour les locaux où se dégage de l'hygiène sulfuré.

L'article 6 est ainsi conçu :

Art. 6. — *Les locaux fermés affectés au travail ne seront jamais encombrés. Le cube d'air par ouvrier ne sera jamais inférieur à 8 mètres* (1).

Ils seront largement aérés et dans les cas où les conditions du travail nuisent à l'aération et où la matière offre des causes spéciales

---

(1) NORVÈGE. — *Loi du 27 juin 1892*. Cette loi est complexe. Elle s'occupe de la salubrité et de la sécurité du travail; du travail des femmes et des enfants; de la durée du temps d'admission des femmes après leurs couches; des termes du contrat entre patrons et ouvriers; des conditions de règlement du salaire; des droits et devoirs des inspecteurs. Elle établit par ses articles 4 et 8 les prescriptions suivantes:

§ 4. — Les établissements de travail avec tous leurs meubles ou immeubles qui en dépendent, et qui sont placés dans leur enceinte ou dans leur voisinage, devront être aménagés et entretenus de telle sorte que la santé, la vie et les membres des ouvriers soient protégés autant que possible et d'une façon efficace.

§ 8. — On ne doit pas occuper dans les ateliers un nombre d'ouvriers disproportionné avec les dimensions des salles et avec la place occupée par les machines, les appareils, matériaux, etc. On devra, d'une manière convenable, entretenir une ventilation suffisante, si cela est nécessaire, au moyen d'appareils mécaniques, afin d'éviter les poussières, les vapeurs et les gaz malsains, les mauvaises odeurs, l'excès de chaleur, et faire en sorte que cette ventilation soit suffisante par rapport au nombre des ouvriers. . .

SUÈDE. — *Loi du 10 mai 1889*, art. 1 § 3. De plus, si le travail s'opère dans un local fermé, ou si la nature de ce travail l'exige les précautions suivantes doivent être observées:

1° Tout ouvrier, occupé à ce travail, doit avoir un cube d'air suffisant (7 mètres cubes au moins), le renouvellement de l'air doit être satisfaisant; toutefois dans les *d'insalubrité, la ventilation artificielle sera faite de telle sorte qu'il entre, par homme et par heure, une quantité d'air neuf de 24 mètres cubes au minimum.*

Les locaux de travail ainsi que leurs dépendances et notamment les passages et escaliers seront convenablement éclairés.

La rédaction de cet article 6 est sensiblement la même que celle que le Comité a déjà votée en 1884. Nous avons insisté cependant sur la nécessité de l'éclairage.

La question de l'éclairage soit naturel, soit artificiel, est une grave question dans les ateliers. Sans éclairage il n'est pas possible d'assurer la propreté sur laquelle insiste un article précédent et c'est à ce titre surtout que nous avons demandé l'éclairage des escaliers et passages qui ne seront nettoyés, tenus propres et salubres qu'à cette seule condition qu'ils ne soient pas obscurs.

Ajoutons que l'éclairage n'est pas seulement une mesure d'hygiène indissolublement liée à l'aération, mais que c'est une mesure de sécurité, et nous verrons plus loin que les lois étrangères n'ont pas hésité à prescrire le large éclairage naturel ou artificiel particulièrement dans les locaux où des machines sont en mouvement (1).

L'article 7 du projet de règlement s'occupe des poussières, gaz et vapeurs qui peuvent souiller l'atmosphère du travail :

ART. 7. — *Les poussières et gaz incommodes ou insalubres, les gaz et poussières toxiques seront évacués directement au dehors au moment même de leur production, et ne seront jamais mêlés à l'air des ateliers.*

fabriques et ateliers qui existent déjà et qui possèdent des dispositifs assurant le renouvellement de l'air, un moindre cube d'air pourra être toléré.

2° Le travail doit s'effectuer dans des conditions d'éclairage et de température satisfaisantes et appropriées à la situation.

3° Les dispositions dont l'efficacité a été reconnue par l'expérience technique et qui conviennent à la nature du travail, doivent être mises en œuvre pour empêcher la diffusion des poussières, des gaz et des vapeurs en quantité dangereuse pour la santé des ouvriers; les emplacements affectés au travail, les machines et les outils doivent être tenus dans un état constant de propreté.

(1) NOUVEAU. — *Loi du 27 juin 1892. § 7.* Les ateliers devront être suffisamment éclairés, soit par la lumière du jour, soit par un éclairage artificiel, pour qu'on puisse voir distinctement toutes les parties mobiles d'une machine, qui, lorsqu'elle fonctionne, peuvent offrir du danger pour les ouvriers.

Dans les ateliers où peuvent se développer des gaz, des vapeurs ou des poussières explosibles ou facilement inflammables, on devra, quant à l'éclairage artificiel, prendre toutes les précautions possibles. Partout où les conditions de travail et la nature de l'exploitation le permettront, les ateliers devront aussi être convenablement chauffés.

Pour les buées, vapeurs, gaz, il sera installé des hottes avec cheminées d'appel ou tout autre procédé efficace.

Pour les poussières déterminées par les meules, les batteurs, les broyeurs, et tous autres appareils mécaniques, il sera installé, autour des appareils, des tambours en communication avec une ventilation aspirante énergique.

Pour les gaz lourds, tels que vapeurs mercurielles, sulfure de carbone, la ventilation aura lieu per descensum, et chaque table de travail sera mise en communication directe avec le ventilateur.

Les vapeurs, les gaz, les poussières ne seront jamais déversés dans l'atmosphère ; les gaz ou vapeurs seront condensés ou brûlés ; les poussières seront dirigées sous les foyers ou recueillies dans des chambres à poussières, dans des caisses à chicane, etc.

La pulvérisation des matières irritantes ou toxiques et autres opérations telles que le tamisage, l'embarillage de ces matières, se fera automatiquement dans des appareils clos toutes les fois que cela sera possible.

Ces prescriptions sont celles du projet élaboré en 1884.

Nous rappelons que ce qui avait préoccupé le Comité, c'était de s'opposer à la diffusion des poussières et vapeurs dans l'atelier, de les recueillir au moment même et au lieu même où elles se forment ou de les enfermer au moment même de leur production quand les poussières ne sont pas des produits résiduaires, mais le résultat cherché par le travail.

Nous avons à dessein négligé d'imposer des appareils individuels tels que masques, respirateurs, etc. On peut, par voie de circulaire, en recommander l'emploi, mais il ne nous a pas paru qu'on pût en exiger l'usage. Ce sont d'ailleurs presque toujours des moyens de protection insuffisants que ceux qui nécessitent à chaque instant la coopération volontaire de l'ouvrier ; il ne s'y soumet qu'avec répugnance et même il met une sorte de point d'honneur à s'en affranchir ; les meilleurs moyens de le préserver des dégagements nuisibles sont ceux qui, par leur automatisme, laissent tout à fait en dehors le libre arbitre du travailleur (1).

(1) On n'a pas hésité parfois à l'étranger à proscrire ces moyens individuels. Nous détachons d'une circulaire, adressée aux inspecteurs de police le 17 septembre 1888 par M. le Ministre du commerce pour commenter la loi hongroise du 21 avril 1884, le passage suivant :

La ventilation des fabriques, l'expulsion des gaz délétères et de la poussière, le net-

L'article 8 est un complément des articles précédents destiné à assurer le renouvellement de l'air *pendant les interruptions du travail et pendant le repos.*

Enfin, l'article 9, qui termine le titre 1ᵉʳ, est ainsi conçu :

ART. 9. — *Les ouvriers ne devront point prendre leurs repas dans les ateliers ni dans aucun local affecté au travail.*

Les patrons mettront à la disposition de leur personnel les moyens d'assurer la propreté individuelle : vestiaires avec lavabos, ainsi que de l'eau de bonne qualité pour la boisson.

Nous avons introduit dans ce règlement comme dans le projet de 1884 une disposition visant les interruptions journalières du travail, prescrivant d'aérer les ateliers pendant le temps de cette interruption, et interdisant de laisser les ouvriers prendre leurs repas dans l'atelier.

La large ouverture des fenêtres pendant les interruptions du travail est une mesure d'hygiène essentielle; il n'y a pas de meilleur mode d'aération, d'évacuation de cet air souillé par la présence d'un personnel nombreux et où pullulent si facilement les microorganismes quand il reste confiné. Si l'on reste dans l'atelier pendant les interruptions de travail, si surtout on y prend les repas, l'animalisation de l'air atteint un degré dangereux. La question des repas pris en dehors de l'atelier est réglée par la loi anglaise (art. 17 du *Factory Act* de 1878) (1), par la loi danoise du 23 mai 1873 (art. 4) (2), par la loi suisse du 23 mars 1873, qui demande que des locaux

toyage préalable des chiffons dans les fabriques de papier doivent être l'objet d'une attention particulière.

« *Dans les fabriques où se trouvent des déchets toxiques et où se dégagent des gaz, les ouvriers doivent être munis d'appareils respiratoires.*

« On doit veiller à l'expulsion des eaux souillées et des détritus, au bon entretien des lieux d'aisances et à la désinfection en général.

(1) ANGLETERRE. — *Factory Act de 1878*, art. 17. — Au sujet des repas (sauf les exceptions spécialement indiquées dans le présent *Act*), les règles suivantes seront observées dans les manufactures ou ateliers :

1° Tous les enfants, adultes et femmes doivent prendre leurs repas à la même heure du jour;

2° Un enfant, un adulte ou une femme ne pourront, sous aucun prétexte, travailler pendant les heures des repas, ni même rester à l'atelier où se fabriquent les produits.

(2) DANEMARK. — *Loi du 23 mai 1873*, art. 4. — Les enfants et les jeunes gens... ne pourront, durant leurs repas, rester dans aucun local de la fabrique ou de l'atelier au moment où l'on y travaille. Si, par suite de la nature du travail, l'air du local se remplit de poussière où d'autres matières nuisibles à la santé, la police sanitaire pourra demander qu'il soit assigné aux travailleurs un local particulier pour y rester pendant les heures de repos et pour y prendre leurs repas.

convenablement chauffés soient mis à la disposition des ouvriers
pour leurs repas (1). Une exigence analogue se rencontre dans la
loi norvégienne du 27 juin 1892 (2).

D'ailleurs, dans certaines professions où l'on fabrique ou bien où
l'on emploie des substances toxiques, il n'est pas prudent de prendre ses repas dans l'atelier où les poussières seraient ainsi plus aisément absorbées et trouveraient dans le tube digestif une voie plus
rapide et plus sûre d'intoxication. C'est par exemple c. qu'on peut
dire de toutes les professions qui travaillent ou emploient le plomb.
Ces préoccupations ne se sont pas seulement montrées à l'étranger ;
on en retrouve la preuve dans les travaux des hygiénistes et dans les
actes des administrateurs français. Dans une circulaire de M. le
Préfet de police, en date du 24 janvier 1882, préparée par le Conseil
d'hygiène de la Seine sur le rapport de M. Gautier, il est dit « qu'on
ne doit pas laisser les ouvriers séjourner, et encore moins prendre
leurs repas, dans les enceintes où se dégageraient notoirement des
poussières contenant du plomb ». De son côté, le Comité consultatif
d'hygiène publique de France, dans un projet de règlement sur les
fabriques de céruse et de minium (3), a fait de cette défense un
article spécial : Art. 10. Aucun repas ne pourra être pris dans
l'intérieur de l'usine (4).

Les moyens d'assurer la propreté des mains et du visage sont,
surtout dans les établissements où l'on travaille des substances
toxiques, le complément de cette défense de prendre les repas dans
l'atelier.

Beaucoup de grands industriels ont songé à mettre à la disposition de leur personnel des bains-douches qui sont faciles à installer
partout où l'on dispose d'un peu d'eau chaude, ne fut-ce que de l'eau
de condensation des machines. C'est un exemple digne d'être imité.

Enfin en ce qui concerne la prescription de mettre à la disposition des ouvriers de l'eau de boisson de bonne qualité elle n'a pas

---

(1) Suisse. — *Loi fédérale du 23 mars 1877*, art. 11, § 5. — On accordera aux ouvriers, au milieu de la journée de travail, un repos d'une heure au moins pour le repas ;
des locaux convenables, chauffés en hiver, et hors des salles ordinaires de travail, seront
mis gratuitement à la disposition des ouvriers qui apportent ou se font apporter leur
repas à la fabrique.

(2) Norvège. — *Loi du 27 juin 1892*: § 11. — Les ouvriers auront, soit dans l'établissement même ou aux environs, un endroit où ils pourront chauffer leurs aliments,
et, quand le temps le rendra nécessaire, prendre leur repas dans un appartement chauffé.

(3) Tome XII, p. 190.

(4) Ces précautions s'appliquaient en Prusse, dès 1865, aux ateliers où l'on emploie
l'arsenic. Un décret du 10 juin 1865, relatif à l'établissement des fabriques d'aniline,
contient la défense formelle de laisser les ouvriers prendre leurs repas dans les ateliers.

besoin d'être expliquée: aujourd'hui qu'on connaît les dangers de transmission de certaines maladies, et non des moins graves, par l'eau, nul n'a le droit de mettre à la disposition des gens qu'il emploie une eau suspecte. Le projet de règlement n'insiste pas, d'ailleurs, sur les moyens de faire provision d'eau de bonne qualité et, suivant les cas, on pourra donner de l'eau de source, de l'eau stérilisée par l'ébullition ou par son passage à travers un filtre d'une efficacité constatée.

IV.

Le titre II du projet de règlement que nous soumettons à la discussion du Comité consultatif d'hygiène est relatif aux mesures de sécurité.

Il n'en est pas qui soient plus aisément acceptées par l'industriel qui peut n'avoir pas des connaissances suffisantes en hygiène publique pour apprécier l'utilité de telle ou telle mesure dont la nécessité et la justice sautent pour ainsi dire aux yeux des hygiénistes, mais qui, en matière d'accidents, sait les dangers auxquels la vie des ouvriers est exposée. Aussi, tout en accusant l'imprudence des ouvriers qui est souvent réelle et explicable par l'habitude du danger, les industriels soucieux de la justice et des intérêts du personnel qu'ils emploient pensent qu'il convient de suppléer à ce manque de prudence de l'ouvrier par une prudence extrême du patron et par les mesures de protection les plus sérieuses qui soient connues et que chaque jour modifie, perfectionne et complète.

C'est une dépense sans doute, mais nous avons montré avec les sociétés contre les accidents du travail que ce n'était point une dépense sans compensation (1).

(1) La plupart des lois étrangères sur l'hygiène industrielle s'occupent de la sécurité du travail :

Suisse. — *Loi fédérale du 23 mars 1877*, art. 2. Les ateliers, les machines et les engins doivent, dans toutes les fabriques, être établis et maintenus de façon à sauvegarder le mieux possible la santé et la vie des ouvriers.

On veillera en particulier à ce que les ateliers soient bien éclairés pendant les heures de travail, à ce que l'atmosphère soit autant que possible dégagée de la poussière qui s'y forme, à ce que l'air s'y renouvelle toujours dans une mesure proportionnée au nombre des ouvriers, aux appareils d'éclairage, et aux émanations délétères qui peuvent s'y produire.

Les parties des machines et les courroies de transmission qui offrent des dangers pour les ouvriers seront soigneusement enfermées.

Danemark. — *Loi du 23 mai 1873*, art. 11. Les lieux de travail en question, ainsi que les travaux et les machines qui s'y trouvent, doivent être disposés de telle façon que la santé, la vie et les membres des travailleurs soient protégés de la manière la plus convenable tant pendant la fabrication que pendant le séjour dans le local du travail. Toutes

Les articles compris dans ce titre II sont, en grande partie, ceux là même qui ont été votés par le Comité en 1884. Toutefois on a dû les compléter par des prescriptions faites en vue d'éviter le danger d'incendie, par des précautions nécessitées dans certains ateliers par l'emploi chaque jour plus grand de moteurs électriques, enfin par certaines dispositions relatives à l'équipement de l'ouvrier.

L'article 10 s'occupe des moteurs et des précautions nécessaires pour en réserver l'approche à ceux-là seuls qui les conduisent ; il s'occupe aussi des machines et mécanismes au point de vue de leur espacement, des puits, des trappes, cuves et bassins, et enfin des échafaudages. Il est ainsi rédigé :

ART. 10. — *Tout mécanisme, machine, appareil de transmission, outil, engin quelconque, sera disposé de manière à ne présenter aucun danger.*

Les moteurs à vapeur, à gaz, les moteurs électriques, les roues hydrauliques, les turbines, seront installés dans des locaux séparés, fermés du côté où le travail s'effectue, et seulement accessibles aux ouvriers spéciaux affectés à leur surveillance.

Quand il s'agira de petits moteurs usuels à vapeur ou à gaz, l'autorisation pourra être donnée, moyennant prescriptions de précautions spéciales, d'installer le moteur dans l'atelier même ; mais il

les parties courantes des machines ainsi que les instruments mis en mouvement mécaniquement par les machines, et avec lesquelles les enfants et les jeunes gens travaillant dans la fabrique ou dans l'atelier pourraient se trouver en contact, soit en passant, soit pendant leurs travaux ordinaires, doivent être solidement enclos, autant que le permet la nature des machines et du travail, et il est défendu d'enlever l'enclos pendant que les machines fonctionnent.

Les enfants et les jeunes gens ne doivent être employés à nettoyer aucune partie des machines d'une fabrique ou d'un atelier pendant qu'elles sont en mouvement.

ESPAGNE. — *Loi du 24 juillet 1873 sur le travail des enfants*, art. 9. À dater de la promulgation de cette loi on ne construira aucun des établissements dont parle l'article premier sans que les plans aient été préalablement soumis à l'examen d'un jury mixte et qu'ils aient obtenu son approbation en ce qui touche les précautions indispensables d'hygiène et de sécurité des ouvriers.

ANGLETERRE. — *Factory act de 1878*, art. 5. Les monte-charges par lesquels quelqu'un sera obligé de passer ou de travailler, les volants reliés aux moteurs mécaniques dans les chambres de machines ou ailleurs et en général les pièces des machines à vapeur ou hydrauliques seront pourvus d'appareils protecteurs.

Les roues seront isolées par des barrières clôturant tout l'espace qu'elles occuperont dans leur course à moins que tout danger ne soit écarté par d'autres moyens.

Les organes de transmission seront disposés de manière à ne point offrir plus de danger pour les ouvriers de l'usine que si l'approche en était défendu par une clôture à moins qu'ils ne soient effectivement clôturés.

ART. 7. — Lorsque l'inspecteur estimera que dans un établissement un appareil servant à la fabrication, cuve bassin ou autre, et près ou au-dessus duquel des enfants ou des adolescents sont obligés de passer ou de travailler, présente une cause de danger comme contenant un liquide chaud ou un métal en fusion, il requerra le patron d'en défendre l'approche.

sera dans ce cas entouré d'une barrière qui n'en permettra l'appro-che qu'aux ouvriers chargés de sa surveillance (1).

Les passages entre les machines, mécanismes, outils mus par ces moteurs, auront une largeur d'au moins 80 centimètres. Le sol des intervalles sera nivelé; les escaliers seront solides et munis de fortes rampes (2).

Les puits, trappes, cuves, bassins, réservoirs de liquides corrosifs ou chauds, seront pourvus de barrières ou de garde-corps.

Les échafaudages seront munis de garde-corps, de 90 centimètres de haut, sur toute leurs faces (3).

Les conditions imposées par cet article n'ont pas besoin de com-mentaires. Toutefois, en ce qui concerne la largeur des passages, il nous a paru bon de fixer une largeur minima qui pourra être aug-mentée pour les passages principaux où deux ouvriers ou ouvrières peuvent incessamment se rencontrer pendant les allées et venues nécessitées par le travail même. Nous avions, en 1884, fixé à 60 centimètres la largeur de ces passages et si nous n'avons pas con-servé ce chiffre c'est que l'expérience nous en a démontré l'insuffi-

---

(1) DANEMARK. — *Loi du 12 avril 1889*, art. 2. a. Les machines opéra-trices devront être construites et établies et leurs parties courantes être encloses et cou-vertes de sorte que les travailleurs qui les desservent ne soient, que par suite d'impru-dence, exposés à se trouver en contact avec les parties courantes, soit pendant leurs travaux ordinaires, soit en passant.

b). Lorsque les parties courantes de l'appareil, au moyen duquel la force motrice est transmise de la machine motrice aux machines opératives, ne sont pas établies à hauteur de six pieds au-dessus du plancher, elles devront être encloses et couvertes de sorte que les travailleurs qui circulent dans le lieu du travail ne puis-sent, que par suite d'imprudence, se trouver en contact avec elles. Les arbres hori-zontaux et verticaux ne devront point présenter de saillies telles que jointures, têtes de vis, clavettes, etc., à moins que ces saillies ne soient suffisamment recouvertes, même dans le cas où les arbres en question seraient placés à plus de six pieds au-dessus du plancher. Les conduits électriques devront être dûment isolés.

c) Lorsque la machine motrice se trouve établie dans le même local où les travail-leurs circulent, elle devra être enclose de sorte que nul autre travailleur que ceux qui desservent la machine motrice ne puissent se trouver en contact avec les parties cou-rantes.

ART. 3. — A l'avenir, dans les constructions nouvelles, les couloirs destinés à la circulation et pratiqués dans les lieux où se trouvent les machines, devront avoir une largeur et une hauteur telles que les travailleurs qui y circulent ne puissent que par suite d'imprudence, être exposés à se trouver en contact dangereux avec les parties courantes des machines. Cette disposition est également applicable aux constructions existant à l'heure actuelle à moins que cela nécessite une reconstruction.

(2) NORVÈGE. — *Loi du 27 juin 1892*, § 6. Les passages destinés à la circulation dans les ateliers où les jeux des machines doivent avoir une largeur et une hauteur suffisante, pour que les ouvriers qui desservent ces machines ou qui passent ne soient pas, lorsqu'ils observent une prudence ordinaire, exposés à un contact dangereux avec les parties des machines en mouvement.

(3) DANEMARK. — *Loi du 12 avril 1889*, art. 6, § 2. Dans les établissements où la cuisson ou la fonte se font dans de grands réservoirs, ces derniers devront être entourés de clôtures, de manière à empêcher les ouvriers de tomber dedans.

sance. Déjà en 1884 cette largeur avait paru bien faible; mais le Comité s'était laissé toucher par cette considération que, à Paris, avec l'excessive valeur du terrain, on allait grever l'industrie d'une lourde charge et comme il s'agissait alors, non pas d'une loi existante à commenter par un règlement, mais d'une loi nouvelle à faire accepter on s'était montré timide à l'excès. Aujourd'hui la loi existe; c'est une loi de protection dont on n'a pas le droit d'affaiblir la portée par voie de règlement et qui, d'ailleurs, n'est pas faite seulement pour Paris, mais pour toute la France; il n'est pas exagéré, pour éviter les dangers dont cette loi veut préserver les travailleurs, de prévoir des passages de 80 centimètres. Tout au plus pourrait-on, par une disposition transitoire, accepter, dans les usines actuellement existantes, des passages de 60 centimètres seulement, mais c'est là une mesure transactionnelle dont il appartiendra à M. le Ministre du commerce de décider en tenant compte d'autres intérêts que ceux de la sécurité.

L'article 11 s'occupe des monte-charges et ascenseurs:

Art. 11 — *Les monte-charges, ascenseurs, élévateurs, seront guidés et disposés de manière que la voie de la cage du monte-charge et des contrepoids soit fermée; que la fermeture du puits à l'entrée des divers étages ou galeries s'effectue automatiquement; que rien ne puisse tomber de la cage du monte-charge dans les galeries ni dans les puits.*

Pour les monte-charges destinés à transporter le personnel, la charge devra être calculée au tiers de la charge admise pour le transport des marchandises, et les monte-charges seront pourvus de freins, chapeaux, parachutes ou autres appareils préservateurs.

Il n'y a pas une législation étrangère qui n'ait pourvu à cette protection (1) et d'autre part les corporations industrielles allemandes

---

(1) Hongrie. — Une circulaire, adressée par le ministre du commerce aux inspecteurs des fabriques, le 17 décembre 1888 pour commenter la loi du 21 avril 1884, contient les passages suivants:

Il faut tenir la main à ce que les excavations, monte-charges, récipients dont l'existence expose les ouvriers à des chutes, soient convenablement clôturés et protégés; à ce que les monte-charges ne soient employés au transport du personnel que si l'entrepreneur a obtenu l'autorisation préalable de l'administration et que s'ils sont munis de freins entrant en jeu lors de la rupture du câble.

Suède. — *Loi du 10 mai 1889, article premier, § 2, a).* Les emplacements où les ouvriers sont exposés à faire des chutes ou à souffrir de celle d'objets placés au-dessus d'eux, doivent être pourvus des dispositifs que comportent la nature des travaux qui y sont pratiqués; par exemple, les excavations, les échafaudages, les passages supérieurs, instituées par la loi du 6 juillet 1884 et investies du droit de formuler des prescriptions en matière d'accidents, ces prescriptions nous les reproduisons ici en note d'après le travail de M. Bellom que nous avons déjà cité. Quelques-unes de ces prescriptions ont été formulées par plus de la moitié (57 p. 100) des corporations. D'autres par les trois quarts d'entre elles (75 p. 100) (1).

L'article 12 vise le danger des pièces mobiles des machines et machines outils. C'est sans contredit l'un des plus importants du règlement qui devra compléter la loi du 12 juin 1893. Il est ainsi conçu :

Art. 12. — *Toutes les parties dangereuses et pièces saillantes mo-*

les monte-charges et appareils analogues, doivent être munis de clôtures; les escaliers doivent être pourvus de rampes.

b). Les monte-charges, grues, ou machines de secours analogues doivent porter l'indication de leur puissance évalué en poids et (s'ils sont affectés au service du personnel) en nombre de personnes transportables simultanément sans danger.

c). Les cuves, bassins et autres récipients ouverts, que leur situation, leur contenu rendent particulièrement dangereux doivent être, autant que possible, soigneusement clôturés.

(1) **Monte-charges.** — ; 87. — La cage du guidonnage doit être fermée et munie de portes automatiques au niveau des plates-formes de chargement (75 p. 100). Ces portes doivent être à jour, et avoir une forme et un aspect qui empêchent de les confondre avec les portes ordinaires.

Les portes qui ont moins de 1ᵐ,50 de hauteur doivent être distantes du guidonnage de 30 centimètres.

§ 88. — Les contrepoids des monte-charges doivent être guidés dans des enveloppes fermées de toutes parts (29 p. 100).

§ 89. — Le monte-charge doit s'arrêter spontanément et venir se reposer aux niveaux des plates-formes convenables (43 p. 100).

§ 90. — Il doit être muni d'un parachute ou d'un frein et d'un système automatique de débrayage qui fonctionne aux extrémités de la course (34 p. 100).

§ 91. — Un signal doit faire connaître à chaque plate-forme de chargement la position actuelle du monte-charge dans le guidonnage (40 p. 100).

§ 92. — Les portes des plates-formes doivent, pour les monte-charges réservés aux marchandises, présenter à l'extérieur la mention suivante :

« *Monte-charge de X... Kilos.* »
« Passage interdit, » (54 p. 100.)
« Interdit à la circulation du personnel. »

§ 93. — Les monte-charges destinés aux marchandises ne peuvent être employés que par l'ouvrier qui leur est affecté, et seulement dans le cas où ils sont munis d'un parachute (43 p. 100).

§ 94. — Les monte-charges qui sont employés par le personnel, doivent être munis d'une toiture, indépendamment des autres accessoires indiqués au paragraphe 90 (57 p. 100).

§ 95. — Les monte-charges qui se trouvent à l'extérieur des bâtiments doivent être munis, au niveau de leur plate-forme inférieure de chargement, d'une clôture pleine de 1ᵐ,50 à 1ᵐ,80 de hauteur (26 p. 100).

§ 96. — Des poignées doivent permettre au personnel pendant le voyage de se tenir dans l'appareil (8 p. 100).

§ 97. — Une vérification des diverses parties de chaque monte-charge doit avoir lieu environ tous les six mois (23 p. 100).

Grues et chèvres. — § 98. — Les chèvres à manivelles doivent être munies d'un dispositif d'arrêt.

Si la charge doit descendre par son propre poids, elles doivent être munies d'un frein (26 p. 100).

§ 99. — Les diverses parties doivent être soumises à une révision annuelle (29 p. 100).

biles des machines et notamment les bielles, roues, volants; les cour-
roies et cables; les arbres; les engrenages, cylindres, cônes de
friction et toutes autres parties mouvantes qui seraient reconnues
dangereuses seront munies d'organes protecteurs, tels que gaines et
chéneaux de bois ou de fer, tambours pour les courroies et les bielles,
ou de couvre-engrenages, garde-mains, grillages, etc.

Les machines-outils à instruments tranchants, tournant à grande
vitesse, telles que machines à scier, fraiser, raboter, découper,
hacher; les cisailles, coupe-chiffons et autres engins semblables,
seront disposés autant que possible de telle sorte que les ouvriers ne
puissent, de leur poste de travail, toucher involontairement les ins-
truments tranchants.

On devra prendre les dispositions et régler les arrangements inté-
rieurs de telle sorte qu'aucun ouvrier ne soit habituellement occupé
à un travail quelconque dans le plan vertical ou aux abords immé-
diats d'un volant, d'une meule, ou de tout autre engin pesant et tour-
nant à grande vitesse.

Des grillages mobiles garantiront les ouvriers contre les débris ou
les éclats de la matière mise en œuvre.

Des précautions analogues sont exigées par toutes les législations;
nous en avons signalé déjà quelques exemples dans les notes relatives aux précédents articles et nous en donnons ci-dessous de nouveaux (1). Un grand nombre d'accidents sont occasionnés par les
parties mouvantes des machines.

Le tableau que nous avons donné des accidents déclarés dans le

(1) Suède. — *Loi du 10 mai 1889, article premier, § 2, e).* Les passages de circulations dans les locaux affectés au travail, doivent avoir une longueur et une hauteur suffisantes, pour que les ouvriers d'une prudence ordinaire ne puissent être atteints par les machines en mouvement.

f). Les moteurs qui ne sont pas installés dans des bâtiments distincts et qui, au contraire, se trouvent dans les locaux affectés au travail, doivent être entourés et disposés de telle sorte que les ouvriers qui ne sont pas attachés au service de ces appareils, ne soient pas exposés au danger d'être atteints par les pièces en mouvement.

g). Les machines et transmissions qui présentent quelque danger, doivent être entourées ou disposées de telle sorte que toute cause d'accident soit écartée dans la limite du possible: elles doivent être suffisamment éclairées aux points ou les ouvriers peuvent les toucher, pour qu'il soit aisé de les distinguer pendant leur marche.

h). Avant que les transmissions soient mises en marche par un moteur, un avertissement convenu doit être donné dans les locaux affectés au travail; si un même moteur distribue la force à plusieurs étages ou dans plusieurs locaux, il faut, ou bien que la transmission principale de chaque local puisse être arrêtée indépendamment du moteur ou que chaque local puisse envoyer à ce moteur le signal d'arrêt.

i). Les machines-outils à allure rapide doivent, toutes les fois qu'il sera possible, être munies de dispositifs permettant de les réduire au repos immédiatement et indépendamment du moteur; des mesures spéciales doivent être prises pour la pose et l'enlèvement des courroies de transmission dans le cas où cette opération présente quelque danger.

département de la Seine de 1886 à 1891 montre que 10,9 p. 100 des accidents déclarés pendant ces six années étaient dus aux scies circulaires ; — 9,8 p. 100 aux courroies et arbres ; — 13,7 p. 100 aux engrenages.

Mais c'est surtout ici qu'il convient de laisser une grande latitude à l'industriel dans le choix des moyens protecteurs, et nous avons pensé que le règlement devait rester dans les généralités sans entrer dans les détails de précaution qui varieraient avec chaque industrie comme le montrent les intéressants règlements donnés à leurs adhérents par les sociétés protectrices françaises dont nous joignons quelques exemples en annexes à ce rapport. Un article d'un règlement ne saurait d'ailleurs tout prévoir ; il appartiendra aux inspecteurs de rechercher si l'esprit du règlement est appliqué, si la protection est suffisante, et d'ailleurs il sera toujours possible, ici encore, de procéder par règlements particuliers, si la nécessité en était démontrée (1).

Les articles 13 et 14 s'occupent de la mise en marche et de l'arrêt des machines.

ART. 13. — *La mise en train ou l'arrêt des machines doivent être précédés d'un signal convenu, auquel il sera répondu par un contre-signal.*

ART. 14. — *Les conducteurs de machines, les contremaîtres ou chefs d'ateliers auront toujours, à portée de leur main, l'appareil destiné à arrêter la force motrice et les transmissions.*

Le maniement des courroies sera toujours fait par le moyen de système, tels que monte-courroies, porte-courroies, évitant l'emploi direct de la main.

En reprenant pour la rédaction de cet article les termes mêmes de celui que le Comité avait voté en 1884 nous avons ajouté les mots : « auquel il sera répondu par un autre signal ». Cette disposition se retrouve à l'étranger (2), mais elle existe, en fait, chez nous

(1) Une loi étrangère, celle du Danemark (Loi du 12 avril 1889), dispose par son article 8 que « nul fournisseur ou débitant ne pourra délivrer aucune des machines « mentionnées dans cette loi, sans la faire accompagner des appareils requis pour la « couverture des engrenages, des pignons, etc ».
(2) DANEMARK. — *Loi du 12 avril 1889, art. 5.* La machine motrice ne pourra être mise en mouvement avant que les travailleurs aient été avertis par un signal qui pourra être entendu distinctement dans tous les lieux de travail où il y a des machines à mettre en mouvement et qu'il ait été répondu à ce signal par un contre-signal distinct ; à

depuis longtemps dans les ateliers bien tenus et les règlements de nos sociétés contre les accidents prévoient des précautions semblables.

Il est nécessaire, ainsi que le demande l'article 14, que les conducteurs de machines aient toujours à portée de leur main sinon l'appareil destiné à déterminer les arrêts (robinets de commande, poignées, boutons, etc.), au moins le moyen de provoquer cet arrêt par un signal.

L'article 15 s'occupe du nettoyage et du graissage en marche qui sont la cause du plus grand nombre d'accidents constatés dans les établissements industriels, puisque d'après le tableau que nous avons donné plus haut il y aurait 17 p. 100 des accidents dus à cette cause alors que les scies circulaires ne donnent que 10 p. 100 et les engrenages 13 p. 100.

La rédaction ci-après est celle qui a déjà été acceptée par le Comité consultatif d'hygiène en 1884.

Art. 15. — *Il est interdit de laisser les ouvriers procéder au graissage, à la visite, au nettoyage ou aux réparations de machines ou mécanismes en marche.*

Si, les mécanismes étant arrêtés, la transmission marche encore il ne sera procédé à ces opérations qu'après que le débrayage et le volant auront été convenablement calés (1).

moins que chaque machine opératrice ne soit construite de manière à pouvoir être dégagée de sa correspondance avec la machine motrice,

De tout lieu de travail où il est fait usage de machines mises en mouvement par la force motrice et où il ne se trouve pas d'appareil par le moyen duquel chaque travailleur puisse immédiatement dégager toutes les machines de leur correspondance avec la machine motrice, il devra y avoir un moyen d'avertir cette dernière par un signal d'arrêt. . . .

Lorsque la machine motrice dessert plusieurs exploitations séparées, il devra y avoir moyen d'arrêter, dans chacune de ces exploitations, l'appareil servant à transmettre la force motrice aux machines opératives, soit que la machine continue à fonctionner ou non.

Tant que les machines seront en mouvement, il ne pourra être procédé au nettoiement, au graissage et à l'inspection qu'en tant que ces opérations pourront se faire sans écarter les enclos mentionnés à l'article 2 et sans que les vêtements des travailleurs se trouvent en contact avec les parties courantes de la machine. Les femmes ne pourront être employées à ces opérations.

Art 6. — Pendant tout le temps du travail, tout lieu de travail où se trouve une machine desservie par des travailleurs devra être enclavé, artificiellement au besoin, de manière à permettre d'observer distinctement toutes les parties courantes de la machine qui, pendant l'exploitation pourraient être dangereuses pour les travailleurs, Dans les lieux de travail où règnent, où se développent des gaz explosifs ou facilement inflammables, des vapeurs ou de la poussière, l'éclairage artificiel devra être établi avec les précautions nécessaires.

(1) Suisse. — *Loi du 10 mai 1889, article premier, § 2 k).* Des dispositifs de sécurité doivent être installés, dans la mesure du possible, pour le nettoyage et le graissage des transmissions ou des machines en marche.

L'article 16 est consacré aux précautions à prendre contre le danger d'incendie.

ART. 16. — *Les sorties des ateliers, sur les vestibules, escaliers et cours, doivent être munies de portes s'ouvrant de dedans en dehors. Ces sorties seront assez nombreuses pour permettre l'évacuation rapide de l'atelier ; elles ne devront jamais être encombrées de marchandises, de matières en dépôt, ni d'objets quelconques.*

Le nombre des escaliers sera calculé de manière que l'évacuation de tous les étages d'un corps de bâtiment contenant des ateliers puisse se faire immédiatement. Dans les ateliers occupant plusieurs étages, un escalier extérieur incombustible pourra être imposé si la sécurité l'exige.

Les récipients pour l'huile ou le pétrole servant à l'éclairage seront placés dans des locaux séparés et jamais au voisinage des escaliers.

Nous avons pensé que ces prescriptions générales devaient suffire et il nous eut paru excessif de décider par avance le nombre des escaliers d'après la longueur de l'atelier comme on le fait en Russie, par exemple (1) ; la dimension de l'atelier peut être en effet un élément trompeur si on ne tient pas compte aussi de la nature des matières qu'on y travaille, et ce qui importe surtout c'est le nombre des ouvriers comparé à la dimension et à la facilité des issues. Il ne peut guère y avoir là que des questions d'espèces. C'est aussi pourquoi nous ne pensons pas qu'il faille exiger toujours un escalier extérieur ; mais nous estimons qu'il suffit que l'administration supérieure et le service d'inspection se trouvent armées par un texte réglementaire pour demander l'installation d'un escalier extérieur incombustible quand il sera nécessaire. La plupart des réglementations étrangères sur la sécurité du travail prévoient le danger de l'incendie (2).

(1) Consulter GUBLER et NAPIAS — rapport sur la 5e question (hygiène industrielle) — Congrès d'hygiène de Paris de 1878 — (Imp. Nationale).

(2) NORVÉGE. — *Loi du 27 juin 1892*, § 5. Les établissements de travail devront, dans la mesure que permettent les circonstances, et en rapport avec la situation des ateliers et le nombre des ouvriers, être pourvu d'un nombre suffisant d'escaliers et de sorties d'un accès facile et pouvant être efficacement utilisés dans le cas d'un incendie éclatant subitement ou d'autres accidents de ce genre. Lorsqu'elle le jugera nécessaire, l'inspection pourra exiger qu'on se procure des appareils de sauvetage spéciaux.

L'inspection pourra de même prescrire le placement de un ou deux paratonnerres.

SUÈDE. — *Loi du 10 mai 1889*, article premier, § 2. d). Partout où l'on est menacé du danger d'incendie, on doit prendre les mesures nécessaires au sauvetage des ouvriers en cas de sinistre : escaliers incombustibles, nombre suffisant d'issues et de fenêtres faciles à ouvrir, échelles de sûreté, etc.; Toutefois la prescription relative aux escaliers incombustibles ne doit s'appliquer aux fabriques et ateliers déjà existants qu'autant que l'installation n'entraînera pas des difficultés ou des dépenses exagérées.

Il arrive même qu'elles demandent que les ateliers soient munis d'extincteurs, de pompes, etc. (1) — Nous n'avons pas cru que le règlement devait aller jusque-là. Ce qui intéresse la sécurité des ouvriers c'est que, si le danger paraît, l'évacuation soit possible.

Les appareils extincteurs, les pompes, etc. ; sont évidemment très utiles pour sauvegarder les bâtiments, les marchandises, les matières premières, les machines ; mais il appartient à l'industriel de rechercher dans quelle mesure il a intérêt à installer ces appareils protecteurs de sa fortune et nous n'avons pas à nous placer sur ce terrain ni à envisager les choses de ce point de vue.

Il est évident que nous souhaitons cependant que tous les ateliers, toutes les usines ou manufactures soient munies d'appareils extincteurs et que les ouvriers soient familiarisés avec leur emploi, mais nous ne voyons pas là une prescription impérative au point de vue de la sécurité des ouvriers (2).

Les précautions à prendre dans les ateliers où l'on emploie des

(1) Une circulaire hongroise (circulaire du ministre du commerce pour commenter la loi du 21 avril 1884) s'exprime ainsi :
« Pour éviter le danger d'incendie les lampes à gaz et à pétrole doivent être entourées de treillis de fil de fer ; des issues et échelles suffisantes doivent être installées. Les ateliers doivent posséder des extincteurs ou autres appareils destinés à conjurer le péril d'incendie.

(2) Les corporations industrielles allemandes ont inscrit cette obligation dans près d'un tiers de leurs règlements (29 p. 100). Nous indiquons ici d'après le travail de M. Bellem que nous avons déjà cité les prescriptions suivantes qui se trouvent dans les règlements allemands.
« § 12. Appareils d'éclairage. — 23 o/o des corporations ont indiqué des prescriptions à cet égard pour éviter le danger d'incendie.
1° Éclairage à l'huile. Les récipients à huile doivent être relégués dans des espaces clos ; le remplissage, l'allumage et l'extinction des lampes doivent être confiés à des agents spéciaux et exécutés dans des locaux distincts de l'atelier.
1° Éclairage au pétrole. Mêmes prescriptions.
3° Éclairage au gaz. Les usines à gaz doivent être distinctes de l'atelier et munies de l'écriteau ; « Entrée interdite » ; elles doivent être surveillées par des hommes âgés de plus de dix-huit ans, l'allumage doit être exécuté par des agents de confiance. L'emploi des lampes fermées est imposé dans tous les endroits où l'on peut redouter l'incendie.
4° Éclairage électrique. Les machines dynamo-électriques doivent être, autant que possible, enfermées dans des locaux spéciaux, et, en tous cas, convenablement isolées. Les accumulateurs doivent être absolument séparés de l'atelier. Des écriteaux doivent en interdire l'approche, et des affiches spéciales doivent indiquer la manœuvre aux agents préposés à ce service.
« § 13. Précautions contre les dangers d'explosion. — Les locaux dans lesquels se dégagent des gaz explosibles ou inflammables et les bâtiments qui servent à la garde de matières explosives ou inflammables, ne doivent être éclairés que du dehors et ne doivent être visités qu'à la lampe de sûreté (26 o/o).
« § 14. Maniement des matières facilement inflammables. — Quand on manie l'asphalte, le goudron, la poix, l'huile, on doit éviter que le liquide chaud ne sorte de la cuve qui le contient, et l'on doit avoir sous la main un couvercle ne permettant pas l'entrée de la flamme dans ladite cuve (23 o/o).
Mêmes précautions pour les usines de vernis et la fabrication de degras.
§ 15. Conservation des matières inflammables. — Les débris de chiffons, inutiles

machines électriques sont indiquées dans l'article 17 du projet de règlement ainsi conçu :

Art. 17. — *Les machines dynamo-électriques doivent être, autant que possible, enfermées dans des locaux spéciaux, et, en tous cas, convenablement isolées.*

Elles ne seront jamais placées dans un atelier où se manient, où se produisent des corps explosifs, des gaz détonnants ou des poussières inflammables.

Une couche de bois ou de tout autre matière isolante sera interposée entre la machine et son massif de fondation.

Les conducteurs en plein air pourront rester nus ; ils devront être placés sur isolateurs de porcelaine ou de verre et attachés à ces isolateurs ; ils seront écartés le plus possible des masses métalliques, telles que gouttières, tuyaux de descente, etc.

A l'intérieur les fils devront être écartés des murs ; ils seront convenablement isolés et protégés pour éviter tout danger, surtout à la traversée des murs et plafonds.

On prendra, pour éviter l'échauffement des conducteurs, pour l'installation des interrupteurs et commutateurs, pour l'interposition de coupe-circuit, etc., toutes les précautions qui pourront être exigées par l'administration supérieure pour assurer la sécurité.

Il est évident que ces prescriptions restent dans les généralités et qu'elles n'ont d'autre objet que de fixer les points principaux de l'installation des moteurs électriques ; laissant à l'inspecteur le soin de prescrire les points de détail ; permettant en tous cas, si les instructions des inspecteurs devenaient insuffisantes, de faire un règlement spécial plus détaillé.

Nous donnons comme exemple, aux pièces annexes, le règlement de la *Société Normande.*

L'article 18, enfin, qui termine le projet de règlement, s'occupe de l'équipement personnel des ouvriers.

Il est ainsi conçu :

d'huile, doivent être jetés dans des caisses munies de couvercles se fermant d'eux-mêmes.

Les copeaux de bois doivent être balayés tous les soirs.

Des écriteaux : « inflammables » doivent être placés sur les matières qui présentent le danger d'incendie.

L'interdiction de fumer doit être absolue, ainsi que l'entrée avec une lampe à feu nu (13 o/o).

Remarque. — Une corporation interdit de sécher les matières inflammables dans des récipients en fer.

Art. 18. — *Les ouvriers et ouvrières qui ont à se tenir près des machines en mouvement doivent porter des vêtements ajustés et non flottants.*

Si nous avons pensé qu'on put faire un article réglementaire du port de vêtements ajustés, c'est que rien n'est plus dangereux qu'un vêtement flottant dans un atelier encombré de machines et alors même que les passages seraient assez larges pour permettre la libre circulation.

Nous n'avons pas été aussi loin que les règlements allemands (1) et nous avons tenu plus de compte de la liberté individuelle.

D'ailleurs les patrons attentifs veillent déjà à l'équipement de ceux de leurs ouvriers qui travaillent aux machines ou qui doivent circuler autour d'elles. Les vestes boutonnées pour les hommes; les tabliers boutonnés en arrière et bridant la jupe, pour les femmes, se rencontrent fréquemment.

Les règlements des sociétés contre les accidents, annexés ci-après, recommandent les précautions les plus sérieuses relativement au vêtement de l'ouvrier (2).

En terminant nous croyons devoir faire remarquer que le projet de règlement, dont nous proposons l'approbation au Comité consultatif, ne saurait être considéré comme définitif puisqu'il devra être examiné et discuté par le Comité consultatif des arts et manufactures. Il sera sans doute approfondi au point de vue technique et mis au point avec la compétence toute spéciale et reconnue des

---

(1) **Équipement personnel des ouvriers.** — 26. VÊTEMENTS. — Les vêtements des ouvriers qui se tiennent près des appareils en mouvement doivent être boutonnés et collants (29 p. 100).

§ 27. SOULIERS. — Les ouvriers des fonderies et des forges et les mécaniciens doivent porter des chaussures ajustées ou des bottes.

§ 28. GANTS. — Il est défendu de porter des gants dans le maniement des scies.

§ 29. LUNETTES, MASQUES, ÉCRANS. — Les ouvriers, qui sont attachés au service d'appareils lançant des étincelles ou des éclats, doivent porter des lunettes (77 p. 100). Des masques ou des écrans peuvent être employés dans le même but.

§ 30. CEINTURE DE SÛRETÉ. — Les ouvriers qui travaillent sur les toits, sur des échafaudages ou sur de hautes échelles, doivent être munis d'une ceinture de sûreté (11 p. 100).

Remarque. — Une corporation ne l'exige que lorsque l'ouvrier travaille à plus de 10 mètres au-dessus du sol.

Il en est de même des ouvriers travaillant dans les excavations.

§ 31. APPAREILS RESPIRATOIRES. — Les ouvriers, qui travaillent dans des ateliers où se dégagent des gaz délétères et où se répandent des poussières, doivent être munis d'appareils respiratoires.

(2) HONAME. — *Circulaire déjà citée du 17 décembre 1888.* « En ce qui concerne l'équipement des ouvriers, il faut veiller à ce que l'on évite les vêtements longs et flottants. »

hommes éminents qui composent ce Comité; il suffit donc que le Comité consultatif d'hygiène ait indiqué les points principaux de cette réglementation protectrice qu'il avait étudiée dès 1884 et pour laquelle la loi de 1893 a demandé qu'il soit consulté, reconnaissant ainsi les efforts faits pour faire aboutir cette loi par les hygiénistes et particulièrement par notre Comité à qui rien de ce qui intéresse la préservation de la vie humaine ne saurait rester étranger.

PROJET DE RÈGLEMENT D'ADMINISTRATION PUBLIQUE SUR LA PROTECTION DU TRAVAIL INDUSTRIEL.

(En exécution de la loi du 12 juin 1893.)

ARTICLE PREMIER. — Les prescriptions ci-après, destinées à assurer la salubrité et la sécurité du travail, seront observées à l'avenir, sous les peines portées par les articles 7, 8, 9 de la loi du 12 juin 1893 sur l'hygiène et la sécurité des travailleurs dans les établissements industriels autres que ceux qui sont expressément affranchis du contrôle de l'Administration par l'article premier, § 2, de ladite loi.

TITRE PREMIER. — SALUBRITÉ.

ART. 2. — Les emplacements affectés au travail, dans lesdits établissements, ainsi que toutes leurs dépendances, seront tenus dans un état constant de propreté. Le sol sera nettoyé à fond au moins une fois par jour avant l'ouverture ou après la clôture du travail, mais jamais pendant le travail. Ce nettoyage sera fait par un lavage, à moins que les conditions de l'industrie ne s'y opposent. Les murs et les plafonds seront l'objet de fréquents lavages; les enduits refaits toutes les fois qu'il sera nécessaire.

ART. 3. — Dans les locaux où l'on travaille les matières organiques, le sol sera imperméable et toujours bien nivelé; les murs seront stuckés ou silicatés, ou recouverts d'une couche épaisse de peinture à base de zinc.

Le sol et les murs seront lavés aussi souvent qu'il sera nécessaire avec une solution désinfectante. En tout cas, un lessivage à fond aura lieu au moins deux fois par an.

Les résidus putrescibles ne devront jamais séjourner dans les locaux affectés au travail, à moins qu'ils ne soient l'objet même du travail. Ils seront enlevés au fur et à mesure et dans le cas de séjour prolongé ou de dépôt, ils seront soigneusement désinfectés.

Art. 4. — L'atmosphère des ateliers et de tous les autres locaux affectés au travail sera tenue constamment à l'abri de toute émanation provenant d'égouts, fossés, puisards, fosses d'aisances ou de toute autre source d'infection.

Dans les établissements qui déversent les eaux résiduaires ou de lavage dans un égout public ou privé, toute communication entre l'égout et l'établissement sera nécessairement munie d'un intercepteur hydraulique fréquemment nettoyé et abondamment lavé au moins une fois par jour.

Les travaux dans les puits, conduites de gaz, canaux de fumée, fosses d'aisances, cuves ou appareils quelconques pouvant contenir des gaz délétères ne seront entrepris qu'après que l'atmosphère aura été assainie par une puissante ventilation. Les ouvriers appelés à travailler dans ces conditions seront attachés par une ceinture de sûreté.

Art. 5. — Les cabinets d'aisances ne devront pas communiquer directement avec les locaux fermés où seront employés des ouvriers. Ils seront abondamment pourvus d'eau, munis de cuvettes avec inflexion siphoïde du tuyau de chute. Le sol, les parois seront en matériaux imperméables; les peintures seront à base de zinc ton clair.

Il y aura au moins un cabinet pour 30 personnes et des urinoirs en nombre suffisant.

Aucun puisard, puits absorbant, boitout, aucune disposition analogue ne pourra être établie qu'avec l'autorisation de l'Administration supérieure et dans les conditions qu'elle aura prescrites.

Art. 6. — Les locaux fermés, affectés au travail, ne seront jamais encombrés. Le cube d'air, par ouvrier, ne sera jamais inférieur à 8 mètres.

Ils seront largement aérés et dans les cas où les conditions du travail nuisent à l'aération et où la matière offre des causes spéciales d'insalubrité, la ventilation artificielle sera faite de telle sorte qu'il entre, par homme et par heure, une quantité d'air neuf de 24 mètres cubes au minimum.

Les locaux du travail ainsi que leurs dépendances et notamment les passages et escaliers seront convenablement éclairés

Art. 7. — Les poussières et gaz incommodes ou insalubres, les gaz et poussières toxiques seront évacués directement au dehors au moment même de leur production, et ne seront jamais mêlés à l'air des ateliers.

Pour les buées, vapeurs, gaz, poussières légères, il sera installé des hottes avec cheminées d'appel ou tout autre procédé efficace;

Pour les poussières déterminées par les meules, les batteurs, les broyeurs, et tous autres appareils mécaniques, il sera installé, autour des appareils, des tambours en communication avec une ventilation aspirante énergique.

Pour les gaz lourds, tels que vapeurs mercurielles, sulfure de carbone, la ventilation aura lieu *per descensum*, et chaque table de travail sera mise en communication directe avec le ventilateur.

Les vapeurs, les gaz, les poussières ne seront jamais déversés dans l'atmosphère ; les gaz ou vapeurs seront condensés ou brûlés ; les poussières seront dirigées sous les foyers ou recueillies dans des chambres à poussières.

La pulvérisation des matières irritantes ou toxiques et autres opérations telles que le tamisage, l'embarillage de ces matières, se fera automatiquement dans des appareils clos toutes les fois que cela sera possible.

Art. 8. — Pendant les interruptions de travail pour les repas, les ateliers seront évacués et l'air en sera entièrement renouvelé.

Art. 9. — Les ouvriers ne devront point prendre leurs repas dans les ateliers ni dans aucun local affecté au travail.

Les patrons mettront à la disposition de leur personnel les moyens d'assurer la propreté individuelle : vestiaire avec lavabos, ainsi que l'eau de bonne qualité pour la boisson.

Titre II. — Sécurité.

Art. 10. — Tout mécanisme, machine, appareil de transmission, outil, engin quelconque sera disposé de manière à ne présenter aucun danger.

Les moteurs à vapeur, à gaz, les moteurs électriques, les roues hydrauliques, les turbines seront installés dans des locaux séparés, fermés du côté où le travail s'effectue, et seulement accessibles aux ouvriers spéciaux affectés à leur surveillance.

Quand il s'agira de petits moteurs usuels à vapeur ou à gaz l'autorisation pourra être donnée, moyennant prescription de précautions spéciales, d'installer le moteur dans l'atelier même; mais il sera dans ce cas entouré d'une barrière qui n'en permettra l'approche qu'aux ouvriers chargés de sa surveillance.

Les passages entre les machines, mécanismes, outils, mus par ces moteurs, auront une largeur d'au moins 80 centimètres. Le sol des intervalles sera nivelé ; les escaliers seront solides et munis de fortes rampes.

Les puits, trappes, cuves, bassins, réservoirs de liquides corrosifs ou chauds, seront pourvus de barrières ou de garde-corps.

Les échafaudages seront munis de garde-corps, de 90 centimètres de haut, sur toutes leurs faces.

ART. 11. — Les monte-charges, ascenseurs, élévateurs, seront guidés et disposés de manière que la voie de la cage du monte-charge et des contrepoids soit fermée ; que la fermeture du puits à l'entrée des divers étages ou galeries s'effectue automatiquement ; que rien ne puisse tomber de la cage du monte-charges dans les puits.

Pour les monte-charges destinés à transporter le personnel, la charge devra être calculée au tiers de la charge admise pour le transport des marchandises, et les monte-charges seront pourvus de freins, chapeaux, parachutes ou autres appareils préservateurs.

ART. 12. — Toutes les parties dangereuses et pièces saillantes mobiles des machines et notamment les bielles, roues, volants; les courroies et câbles, les engrenages, les cylindres et cônes de frictions ou toutes autres parties mouvantes qui seraient reconnues dangereuses seront munis d'organes protecteurs tels que gaînes et chéneaux de bois ou de fer, tambours pour les courroies et les bielles, ou de couvre-engrenages, garde-mains, grillages, etc.

Les machines, outils à instruments tranchants, tournant à grande vitesse, telles que machines à scier, fraiser, raboter, découper, hacher; les cisailles, coupe-chiffons et autres engins semblables, seront disposés autant que possible de telle sorte que les ouvriers ne puissent de leur poste de travail toucher involontairement les instruments tranchants.

On devra prendre les dispositions et régler les arrangements intérieurs de telle sorte qu'aucun ouvrier ne soit habituellement occupé à un travail quelconque dans le plan vertical ou aux abords immédiats d'un volant, d'une meule, ou de toute autre engin pesant et tournant à grande vitesse.

Des grillages mobiles garantiront les ouvriers contre les débris ou les éclats de la matière mise en œuvre.

ART. 13. — La mise en train ou l'arrêt des machines doivent

toujours être précédés d'un signal convenu auquel il sera répondu par un contre-signal.

ART. 14. — Les conducteurs de machines, les contremaîtres ou chefs d'ateliers auront toujours, à portée de leur main, l'appareil destiné à arrêter la force motrice et les transmissions.

Le maniement des courroies sera toujours fait par le moyen de systèmes, tels que monte-courroies, porte-courroies, évitant l'emploi direct de la main.

ART. 15. — Il est interdit de laisser les ouvriers procéder au graissage, à la visite, au nettoyage et aux réparations de machines ou mécanismes en marche.

Si, les mécanismes étant arrêtés, la transmission marche encore, il ne sera procédé à ces opérations qu'après que le débrayage et le volant auront été convenablement calés.

ART. 16. — Les sorties des ateliers sur les vestibules et escaliers doivent être munies de portes s'ouvrant de dedans en dehors. Ces sorties seront assez nombreuses pour permettre l'évacuation rapide de l'atelier; elles seront toujours libres et ne devront jamais être encombrées de marchandises, de matières en dépôt, ni d'objets quelconques.

Le nombre des escaliers sera calculé de manière que l'évacuation de tous les étages d'un corps de bâtiment contenant des ateliers puisse se faire immédiatement. Dans les ateliers occupant plusieurs étages, un escalier extérieur incombustible pourra être imposé si la sécurité l'exige.

Les récipients pour l'huile ou le pétrole servant à l'éclairage seront placés dans des locaux séparés et jamais au voisinage des escaliers.

ART. 17. — Les machines dynamo-électriques doivent être, autant que possible, enfermées dans des locaux spéciaux et en tous cas convenablement isolés.

Elles ne seront jamais placées dans un atelier où se manient, où se produisent des corps explosifs, des gaz détonants ou des matières inflammables.

Une couche de bois ou de toute autre matière isolante sera interposée entre la machine et son massif de fondation.

Les conducteurs en plein air pourront rester nus. Ils devront être placés sur isolateurs de porcelaine ou de verre et attachés à

3.

ces isolateurs; ils seront écartés le plus possible des masses métalliques telles que gouttières, tuyaux de descente, etc.

A l'intérieur les fils devront être écartés des murs; ils seront convenablement isolés et protégés pour éviter tout danger, surtout à
la traverse des murs et plafonds.

On prendra pour éviter l'échauffement des conducteurs, pour
l'installation des interrupteurs et commutateurs, pour l'interposition
des coupe-circuits, etc, toutes les précautions qui peuvent être exigées par l'Administration supérieure pour assurer la sécurité.

Art. 18. — Les ouvriers et ouvrières qui ont à se tenir près des
machines doivent porter des vêtements ajustés et non flottants.

*Rapport et projet de règlement approuvés par le Comité consultatif
d'hygiène publique de France, dans sa séance du 4 septembre 1893.*

ANNEXES.

I.

TYPES DE RÈGLEMENTS AFFICHÉS DANS LES ATELIERS ET USINES AFFILIÉS A LA SOCIÉTÉ NORMANDE.

Affiche nº 1. — RÈGLEMENT D'ORDRE GÉNÉRAL.

Moteurs.

ARTICLE PREMIER. — Seuls les mécaniciens peuvent mettre en train ou arrêter le moteur qui leur est confié. — Il est interdit à tout autre ouvrier de faire l'une de ces deux opérations, ou encore d'entreprendre aux moteurs quelque travail que ce soit, sans un ordre exprès du chef de l'établissement ou de son représentant.

ART. 2. — Pendant qu'une machine est en marche, il est défendu :

1º De nettoyer des organes en mouvement, et même des pièces en repos dans le voisinage immédiat d'organes en mouvement ;

2º De graisser des organes difficilement accessibles ;

3º D'enlever ou de déplacer des couvre-engrenages, entourages ou autres appareils de sûreté ;

On devra attendre l'arrêt complet de la machine pour entreprendre ces divers travaux.

Usage des sonnettes.

I. — *Mise en marche du moteur.* Signal : 3 coups de sonnette successifs ; puis, après un intervalle suffisant, 1 coup de sonnette, et faites marcher si, aux trois premiers coups, l'atelier a répondu par deux coups de sonnette. (Signal IV.)

II. — *Demande d'arrêt du moteur.* Tirez très fort, à plusieurs reprises, jusqu'à l'arrêt du moteur ou jusqu'au signal d'arrêt. (III, 2º.)

En cas d'urgence, d'accidents de personnes ou de machines, d'incendie, ou de tout cas pressant, tout ouvrier peut et doit faire immédiatement le signal de demande d'arrêt.

III. — *Arrêt du moteur.* 1º Arrêt normal : 1 coup de sonnette ; aussitôt, on débraye les machines, et, pendant ce temps, le mécanicien ferme à moitié le robinet ; puis, 2 coups de sonnette, et il arrête complètement le moteur.

2º Arrêt demandé : si l'arrêt est demandé d'urgence, le mécanicien ferme d'abord le robinet, puis répond par 2 coups de sonnette ;

IV. — *Demande de mise en marche.* Signal : 2 coups de sonnette suffisamment espacés. Le mécanicien répond par le signal de mise en marche. (Signal I.)

Transmissions.

Il est formellement interdit :

I. — *Pendant la marche*, 1º de se mettre en contact avec la transmission pour la graisser ou la nettoyer en tenant à la main des déchets ou des chiffons ;

2º d'épousseter ou nettoyer les divers organes, arbres, roues, manchons, poulies, supports, paliers, sinon pendant les arrêts réglementaires, quand la transmission sera complètement débrayée du moteur, ou que le moteur lui-même sera arrêté.

Toutefois, on pourra permettre de nettoyer ou épousseter les arbres ou les poulies, à la condition de ne pas quitter le plancher et de se servir d'une perche soit à brosse, soit à crochet garni de cordes ;

3° De graisser en dehors des arrêts réglementaires. En cas d'absolue nécessité et d'impossibilité d'arrêter le moteur, les personnes chargées du graissage pourront être autorisées à graisser pendant la marche, sauf à prendre les précautions voulues et, en particulier, celles contenues dans les observations ci-dessous.

II. — *Pendant l'arrêt*, 4° De procéder à aucun travail, réparations quelconques à la transmission, ou dans son voisinage immédiat, sans que le contremaître et le mécanicien n'en soient prévenus et aient pris les précautions voulues.

5° De remettre en marche, dans les cas de réparations aux transmissions, sans un ordre exprès.

Manœuvre des courroies.

ARTICLE PREMIER. — Le maniement des courroies, montage, descente, jonctionnement, nettoyage ou graissage, ne doit être exécuté que par les contremaîtres ou les ouvriers spécialement désignés, tels que soigneurs de transmissions, selliers, fileurs, aiguiseurs de cardes, monteurs de chaînes, encolleurs, etc.

ART. 2. — Il est sévèrement interdit de monter les courroies à la main. — Pendant la marche, on pourra monter les courroies à l'aide d'une perche à crochet régulièrement construite ou de monte-courroies, s'il en existe. Si aucun de ces appareils ne peut être utilisé, on arrêtera la transmission.

ART. 3. — Pendant la marche il est recommandé :

1° De ne nettoyer ou graisser les courroies qu'au moyen de brosses à long manche ;

2° De ne jonctionner les courroies qu'après les avoir isolées de l'arbre au moyen de la perche à crochet, si les porte-courroies font défaut ;

3° De descendre les courroies sans quitter le plancher, et, si possible, au moyen de la perche à crochet.

ART. 4. — Quand une courroie repose sur un arbre en mouvement, il est formellement interdit :

1° De s'appuyer, de se suspendre ou de se retenir à cette courroie ;

2° D'essayer d'arrêter cette courroie si elle vient à s'enrouler sur la transmission ou à être enlevée par les courroies voisines.

ART. 5. — Le montage des grandes courroies et des câbles doit être fait aux arrêts, quand il n'y a plus de vapeur dans les cylindres du moteur, en actionnant le volant au moyen du levier d'embarrage.

ART. 6. — Dans des cas spéciaux, les directeurs pourront autoriser des ouvriers spécialement désignés à déroger à l'article 2, en leur indiquant les précautions à prendre.

Observations importantes.

Il est recommandé aux ouvriers :

1° De n'entreprendre aucun travail dans le voisinage immédiat d'une machine ou d'une transmission en mouvement, aucun maniement de courroies ou de câbles, soit avec des vêtements trop amples ou à manches fendues, soit avec des tabliers, soit avec des ceintures, des foulards ou des cravates à pointes longues ou flottantes;

2° De ne pas changer de vêtements dans le voisinage immédiat d'organes en mouvement;

3° Les femmes ne doivent pas se recoiffer dans le voisinage de leurs machines;

4° Chacun doit signaler au chef de l'établissement ou à un représentant toute disposition vicieuse qui lui paraîtrait de nature à provoquer un accident. L'emploi d'outils ou d'engins défectueux est formellement interdit;

5° Les ouvriers affectés de varices, hernies, ou autres maladies les rendant incapables de soulever sans risques des fardeaux, sont tenus d'en faire la déclaration en entrant en service.

Affiche n° 3. — CARDES.

Cet outil demande aussi des précautions particulières; aussi a-t-il fallu dresser un règlement divisé en quatre parties: 1° pendant la marche; 2° pendant l'aiguisage; 3° pendant le réglage; 4° observations.

Il est expressément défendu:

I. — *Pendant la marche.* 1° De nettoyer aucune partie de la machine à l'aide de déchets ou de chiffons.

On pourra toutefois épousseter les couvercles, bâtis, poulis, l'extérieur des roues si elles sont pleines, sans toucher aux parties situées entre les bâtis et les roues.

Ce travail se fera uniquement à la balayette;

2° De retirer ou déranger les couvre-engrenages ou autres dispositions protectrices; de soulever les couvercles du briseur et du tambour;

3° D'ouvrir les portes de côté pour retirer le duvet de l'intérieur de la carde et du tambour.

Ce travail ne peut être fait que par la personne spécialement désignée, et avec une baguette en bois;

4° De se placer entre deux cardes, dans la partie comprise entre le briseur et le peigneur; de graisser, arrêter ou mettre en marche.

Seuls l'aiguiseur, son aide ou la personne spécialement désignée, peuvent déroger à cet article pour les besoins du travail;

5° De procéder au nettoyage d'une carde sans enlever la courroie de commande, qui ne sera remontée que par une des personnes ci-après désignées.

Le mouvement des courroies: montage, descente, fonctionnement, nettoyage ou graissage, ne doit être exécuté que par les contremaîtres, par les surveillants faisant office de contremaîtres, ou par les ouvriers spécialement désignés par leurs fonctions, tels que soigneurs de transmissions, selliers, aiguiseurs de cardes ou leurs aides.

II. — *Pendant l'aiguisage.* 1° De monter le rouleau d'aiguisage et retirer le couvre-engrenages, sans avoir, au préalable, fait tomber la courroie de la machine;

2° De mettre en marche, avant d'avoir remplacé les couvre-engrenages, ou, si cela se peut, d'avoir enlevé le pignon du grand tambour et les roues qui y engrènent;

3° De nettoyer aucune partie.

III. — *Pendant le réglage.* De nettoyer aucune partie, si le réglage a lieu en faisant marcher les tambours.

RÈGLEMENT SUR L'EMPLOI DES APPAREILS ÉLECTRIQUES

(Société Normande)

INSTRUCTIONS GÉNÉRALES
POUR L'ÉTABLISSEMENT DES APPAREILS ÉLECTRIQUES.

ARTICLE PREMIER. — *Machines.* Les machines dynamo-électriques ne doivent être installées dans les locaux où peuvent pénétrer, soit des substances explosives, soit des poussières inflammables; ces locaux sont réputés dangereux.

Elles doivent être tenues dans le plus grand état de propreté.

L'interposition d'une couche isolante de bois entre la machine et son massif de fondation est une bonne précaution. Il est convenable que le massif soit assez élevé pour que le collecteur et les balais soient à portée de la main.

On doit prendre toutes les dispositions nécessaires pour qu'aucun objet métallique ne puisse mettre en contact les pôles opposés de la machine.

Il est recommandé notamment de ne pas se servir, pour le graissage, de burettes en fer.

ART. 2. — *Tableau de distribution.* Dans le cas où l'installation comporte des tableaux de distribution, les conducteurs réunissant les machines aux tableaux de distribution doivent être isolés et les tableaux écartés des murs de cloisons en maçonnerie, par une couche d'air de huit centimètres au moins. Les attaches des câbles ou fils conducteurs doivent, autant que possible, être apparentes sur la face des tableaux. Il est interdit de placer ces tableaux dans les locaux dits dangereux (article 1er).

On doit prendre aussi les dispositions générales nécessaires pour qu'aucun objet métallique ne puisse mettre les conducteurs en court circuit.

ART. 3. — *Conducteurs en plein air.* Les fils employés en plein air peuvent être nus. Dans ce cas, ils seront placés sur isolateurs en porcelaine ou autre substance équivalente — comme isolement, et attachés à ces isolateurs. Il seront écartés le plus possible des masses métalliques telles que gouttières, tuyaux de descente, etc. S'ils passent nécessairement à plus de dix centimètres de ces masses, ils doivent en être séparés par un isolement convenable.

L'entrée dans les bâtiments des fils venant de l'extérieur se fera de bas en haut, de manière à éviter la pénétration de l'eau de pluie le long du fil.

Les fils nus seront placés hors d'atteinte et disposés de manière que les fils d'aller et retour du courant ne puissent être mis en contact accidentellement.

ART. 4. — *Conducteurs intérieurs.* 1° Locaux ordinaires:

A l'intérieur des maisons d'habitation, les fils nus sont proscrits d'une manière absolue.

Ils le sont également dans les locaux dits dangereux (article 1er).

Dans tous les autres cas où leur emploi peut être admis, on se conformera aux prescriptions de l'article 3.

Les fils isolés peuvent être apparents ou logés dans des bois rainés.

Les fils isolés apparents seront écartés des murs et rigidement fixés sur des taquets en bois ou autres matières isolantes. Exception, toutefois, peut être faite dans les étages des maisons d'habitation où les murs et les cloisons sont suffisamment secs; là, les fils pourront être fixés directement sur les murs.

De même, ils pourront être fixés directement sur toutes les pièces apparentes de bois faisant partie des clôtures à l'intérieur des locaux très secs.

Tous les conducteurs dans lesquels circulera un courant de plus dix ampères seront fixés de telle sorte que le fil d'aller et celui de retour ne puissent jamais venir en contact.

Les conducteurs parcourus par un courant de moins de dix ampères pourront être placés côte à côte, à la condition qu'ils soient bien isolés.

ART. 5. — *Conducteurs logés dans les bois rainés.* L'emploi des bois rainés est proscrit dans les locaux humides.

Si les murs et cloisons sont assez secs pour que l'installation puisse être faite en plaçant les conducteurs dans les bois rainés reformés par un couvercle, leur écartement pourra être quelconque.

Toutefois, on ne devra jamais placer les fils d'aller et retour dans la même rainure.

Les bois rainés sont recommandés comme protection mécanique des conducteurs, beaucoup plus que comme protection électrique.

ART. 6. — *Locaux humides.* Dans les locaux humides, soit naturellement, soit par nécessité de métier, les conducteurs sont placés sur isolateurs et rigidement tendus de façon qu'il ne puisse y avoir contact ni entre les fils, ni entre les fils et les murs.

Toutefois, on pourra appliquer directement sur les murs les conducteurs sous plomb, sans limite d'écartement entre eux.

ART. 7. — *Traversée des murs et des planchers.* À la traversée des murs et des planchers, les fils doivent toujours être isolés et leur isolement mécaniquement protégé.

Il en est de même partout où les fils sont exposés à être détériorés par le frottement ou toute autre cause destructive.

ART. 8. — *Conducteurs doubles.* Des conducteurs doubles renfermant les deux fils sous une même enveloppe peuvent être employés dans tous les cas; mais l'isolement électrique des deux âmes doit être parfaitement assuré, ainsi que leur écartement.

ART. 9. — *Retour par la terre ou les masses métalliques.* L'usage de la terre, des conduites d'eau ou de gaz ou des charpentes métalliques, comme conducteur de retour, est interdit.

ART. 10. — *Échauffement des conducteurs.* Dans chacune des sections du circuit, le diamètre des fils doit être en rapport avec l'intensité des courants, de telle sorte qu'il ne puisse se produire, en aucun point du circuit, un échauffement dangereux pour l'isolement du conducteur ou les objets environnants.

Les raccords directs de fil à fil et les raccords indirects, par l'intermédiaire des coupe-circuits ou commutateurs, doivent être également établis de façon à ne pas introduire dans le circuit de partie faible au point de vue mécanique ou présentant une résistance électrique dangereuse.

ART. 11. — *Interrupteurs et commutateurs.* Des interrupteurs permettant de couper le circuit dans les principales parties de l'installation doivent être installés auprès de la machine et sur les principaux branchements.

Quand la rupture du courant peut donner lieu à un arc dangereux, il est nécessaire qu'un point d'arrêt existe à chaque position de repos et que les pièces de contact soient fixées sur une matière incombustible telle que marbre, ardoise, etc.

Il est interdit de placer les interrupteurs ou commutateurs dans les locaux définis dangereux (article 1er).

ART. 12. — *Coupe-circuits.* À partir de la machine, et à tous les points de branchement, on doit interposer des fils fusibles ou coupe-circuits automatiques sur chacun des deux conducteurs du circuit, lorsque ces conducteurs sont parcourus par un courant de plus de dix ampères.

Pour des courants plus faibles, les coupe-circuits peuvent n'être interposés que sur un seul des deux conducteurs ; mais, dans une installation, ils doivent être tous sur le même conducteur, soit d'aller, soit de retour.

Si plusieurs lampes sont groupées ensemble sur un même lustre, les circuits doivent être divisés de telle sorte que nul branchement ne soit parcouru par plus de dix ampères, et chaque conducteur de branchement sera pourvu d'un coupe-circuit.

Les coupe-circuits porteront une indication apparente du nombre d'ampères normal qui doit les traverser. Ils seront disposés de telle sorte que le métal fondu ne puisse pas être projeté au dehors.

ART. 13. — *Supports de lampes.* Les supports de lampes, s'ils sont métalliques, seront isolés électriquement des fils et pièces parcourus par le courant. De plus, si l'on utilise, pour fixer les douilles des lampes, des appareils à gaz, les douilles seront isolées elles-mêmes de ces appareils.

On ne doit pas utiliser les appareils à gaz que si les dispositions nécessaires ont été prises pour que le gaz n'ait plus aucun accès dans les conduites desservant les appareils.

ART. 14. — *Lampes à arc.* Les lampes à arc ne doivent pas être installées dans les locaux qui renferment des substances explosibles. S'il existe des poussières inflammables, ou si des matières inflammables sont placées sous des lampes à arc, celles-ci doivent être renfermées dans des lanternes complètement fermées, mais dont le dessus peut être en toile métallique.

Partout ailleurs, il est nécessaire de prendre des précautions telles que les parcelles de charbon incandescent qui peuvent tomber des lampes soient recueillies par un cendrier.

ART. 15. — *Lampes à incandescence.* Les lampes à incandescence qui seraient placées dans les locaux définis dangereux (article 1er) doivent être enfermées dans une lanterne ou dans une double ampoule, et la jonction, entre la ligne et la lampe, se faire à l'intérieur de cette ampoule.

Le renouvellement des lampes dans ces lanternes ne peut s'effectuer que lorsque le courant est interrompu dans le circuit qui les alimente.

ART. 16. — *Prescriptions générales.* Il est spécialement recommandé de faire usage d'appareils qui permettent de se rendre compte, d'une manière périodique ou continue, de l'état d'isolement des circuits et de faire rechercher et de réparer tout défaut dès qu'il vient de se manifester.

ART. 17. — *Réparations.* Il est aussi recommandé aux propriétaires d'installation d'éclairage électrique de ne recourir qu'à des spécialistes expérimentés, pour effectuer toutes les modifications ou réparations qui pourraient être nécessaires dans les conducteurs et appareils dans leur installation.

II.

TYPES DE RÈGLEMENTS DE L'ASSOCIATION DES INDUSTRIELS DE FRANCE.

INSTRUCTION CONCERNANT LES IMPRIMERIES.

ARTICLE PREMIER. — Les machines typographiques et lithographiques, les presses à glacer et autres machines ne doivent être mises en mouvement que sur l'ordre du conducteur ou du chef-ouvrier auquel elles sont confiées.

Il est expressément défendu d'embrayer sans cet ordre.

ART. 2. — Chaque matin, le conducteur ou le chef-ouvrier doit s'assurer que les parties dangereuses des machines sont couvertes de leurs couvre-engrenages, que les garde-volants sont à leur place et que le graissage est fait.

ART. 3. — Avant d'embrayer, le conducteur ou le margeur devra s'assurer qu'il n'y a aucune personne exposée et avertir ensuite à haute voix en criant: *gare les mains!*

ART. 4. — Pendant que les machines sont en marche, il est expressément défendu aux ouvriers et apprentis de nettoyer aucune partie des mouvements, l'intérieur des fosses, le dessus ou le dessous des machines et de rien enlever sur le marbre ou à l'intérieur de la forme.

ART. 5. — Aucun receveur ou margeur ne doit quitter sa place sans l'ordre du conducteur.

ART. 6. — Il est formellement interdit aux margeurs de retenir les feuilles mal margées et de chercher à les redresser lorsqu'elles sont prises par les pinces. Il est également défendu au receveur de chercher à rattraper sa feuille lorsqu'il la laisse tomber dans les glissières, ainsi que celle que la pince aurait lâchée et qui reste collée soit sur la forme, soit sur la pierre.

ART. 7. — Le conducteur et le margeur doivent veiller à ce que le débrayage soit toujours calé, aussitôt la machine arrêtée.

ART. 8. — Il est défendu de se servir d'échelles pour arriver aux transmissions lorsqu'elles sont en marche. S'il faut changer de place une courroie, on se servira d'une perche à crochet, sur l'avis conforme du contremaître. Sinon, on arrêtera le moteur ou la transmission, et l'on se servira d'une échelle à crochets.

ART. 9. — Il est défendu de courir ou de jouer autour des machines.

ART. 10. — Il est défendu au personnel employé aux machines de porter des blouses, des vestes non boutonnées ou des vêtements flottants.

ART. 11. — Aussitôt qu'il survient un accident ou qu'il se passe quelque chose d'anormal, les conducteurs doivent avertir immédiatement le chef de service.

INSTRUCTIONS CONCERNANT LES MONTE-CHARGES.

ARTICLE PREMIER. — Il est formellement interdit :

1° Aux ouvriers, autres que celui ou ceux désignés spécialement, de manœuvrer le monte-charge et de toucher à aucun de ses organes ;

2° De se servir du monte-charge pour se rendre d'un étage à l'autre;

3° De se pencher dans le couloir du monte-charge, ou d'y pénétrer quand la cage est en l'air.

ART. 2. — La charge ne doit jamais dépasser celle indiquée comme maximum.

Le chargement doit être fait avec soin, de façon qu'aucun objet ne puisse tomber dans le couloir; notamment, il convient de caler les wagonnets et autres objets susceptibles de rouler.

ART. 3. — Les barrières ou portes qui ferment l'accès du couloir, à chaque étage, doivent toujours être fermées quand la cage n'est pas arrêtée à cet étage. Elles ne doivent être ouvertes qu'après l'arrêt ; elles doivent être refermées avant la mise en mouvement.

Art, 4. — Il est interdit à l'ouvrier placé à un étage autre que celui où la cage est arrêtée d'embrayer avant d'avoir donné un signal et reçu une réponse indiquant qu'on peut mettre la cage en mouvement.

Art. 5. — L'ouvrier chargé de l'entretien du monte-charge doit fréquemment en visiter les organes, notamment la chaîne ou câble de suspension, le frein, les courroies de commande du treuil, le parachute, s'il en existe. S'il s'aperçoit d'une fatigue anormale des organes, il devra arrêter immédiatement la manœuvre et prévenir aussitôt son chef.

Il est interdit de travailler à la cage ou dans le couloir, avant que la cage ait été déchargée et convenablement calée.

INSTRUCTIONS CONCERNANT LES MEULES EN COMPOSITION ET LES MEULES EN GRÈS POUR DÉGROSSIR ET BLANCHIR LES MÉTAUX.

ARTICLE PREMIER. — Il est interdit:

1° Aux ouvriers, qui n'ont pas été spécialement désignés à cet effet, de se servir des meules;

2° D'enlever, pendant le travail, les appareils de garantie, enveloppes ou autres, dont on a muni les meules.

Art. 2. — Le montage doit être fait de la façon suivante:

Éviter les chocs dans le transport de la meule.

L'arbre doit entrer sans forcer dans le trou de la meule. Placé sur ses coussinets, il doit être parfaitement horizontal.

Sonder ensuite la meule en la frappant doucement sur ses deux faces avec un marteau; elle doit donner un son net et clair.

Centrer exactement la meule en la mettant bien d'équerre par rapport à l'arbre.

Entre les plateaux de serrage et la meule, intercaler un corps élastique (drap, cuir, caoutchouc ou carton) de 5 millimètres d'épaisseur.

Art. 3. — L'ouvrier meuleur doit fréquemment sonder sa meule, pour reconnaître si le son est net et clair; sinon, la meule devra être démontée et soigneusement examinée.

Il s'assurera également qu'il n'y a pas de jeu dans les coussinets.

Art. 4. — Quand un faux rond est constaté, la meule doit être retaillée.

Après chaque retaillage, la meule devra être sondée comme il est dit ci-dessus.

Art. 5. — La mise en marche doit se faire progressivement, et non brusquement.

Les chocs violents contre la meule doivent être évités pendant le meulage.

Quand on a fini de se servir d'une meule, on doit débrayer et ne pas la laisser tourner à blanc.

Instructions spéciales aux meules en grès. — Pour centrer la meule sur son arbre, employer des douilles ou cales en fer, *jamais en bois.*

La meule, une fois montée, ne doit pas présenter de balourd sensible.

Quand on reste longtemps sans se servir d'une meule en grès il faut lui faire faire de temps en temps quelques tours pour que l'eau ne s'accumule pas à la partie inférieure.

Vitesse maximum des meules en grès : 13 mètres par seconde à la circonférence, soit pour les diamètres usités :

Diamètres		nombre de tours par minute		
Diamètres 2ᵐ,20	nombre de tours par minute			113
— 2ᵐ,00	---		—	122
— 1ᵐ,80	- -		—	138
— 1ᵐ,50	—		—	165

Instructions spéciales aux meules en composition. — Pendant le meulage et le retaillage, les ouvriers doivent toujours *se servir de lunettes de sûreté.*

Les plateaux de serrage ne doivent pas être serrés d'une façon exagérée.

Le plateau d'appui des pièces à meuler doit toujours être presque à toucher la meule.

Quand on emploie des meules avec frettes en fer noyées, on ne devra pas attendre que la meule soit usée jusqu'à la frette pour retirer celle-ci. Lorsqu'il ne reste plus que 2 centimètres environ d'épaisseur au-dessus de la frette, on l'enlève en taillant la meule ; sans cette précaution, des morceaux de meule peuvent se détacher et blesser l'ouvrier.

Pour la vitesse des meules en composition, ne pas dépasser le nombre de tours indiqué par chaque fabricant de meules.

Nous avons voulu donner seulement quelques types de règlements adoptés par la *Société normande* et par la *Société des industriels de France.* Ces sociétés, qui s'occupent avec un zèle si louable et un succès si mérité de la question des *accidents* dans les usines et manufactures, ont fait adopter, par leurs sociétaires, d'autres règlements dont il serait trop long de donner ici la teneur, mais qu'il est utile de mentionner.

Citons, parmi les règlements établis par la *Société normande :*

Un règlement sur les *métiers à filer, étirage et bancs à broches*

Un règlement sur *l'effilochage, etc.*

Un règlement pour les *métiers à filer, automates.*

Un règlement pour le *tissage mécanique.*

Un règlement pour les *rouleaux et machines à imprimer sur étoffes.*

Parmi les règlements de *l'Association des industriels de France.* Citons :

Instructions concernant la mise en marche et l'arrêt du moteur ;

Instructions concernant les transmissions.
Instructions sur les cardes à laine.
Instructions sur les cardes à coton.
Instructions concernant les ateliers de construction mécanique.
Instructions concernant les batteurs.

Enfin, mentionnons en terminant que ces deux Sociétés ont rédigé des instructions intéressantes sur les premiers secours à donner en cas d'accidents.

MELUN. — IMPRIMERIE ADMINISTRATIVE. 1,049 b.

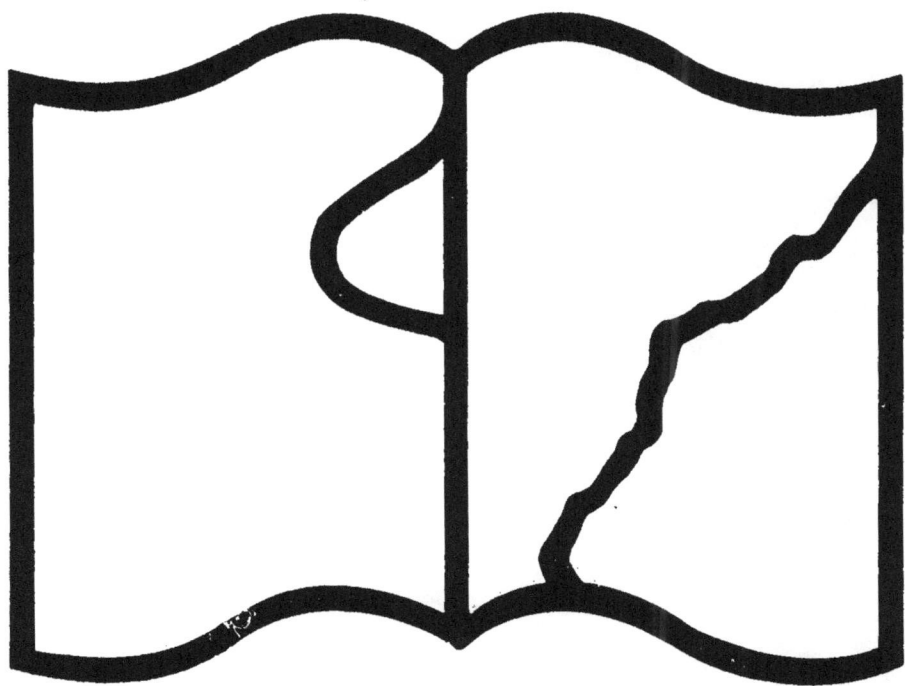

Texte détérioré — reliure défectueuse

NF Z 43-120-11

www.ingramcontent.com/pod-product-compliance
Lightning Source LLC
Chambersburg PA
CBHW071317200326
41520CB00013B/2817